中文社会科学引文索引（CSSCI）来源集刊

清华西方哲学研究

第七卷 第一期（二零二一年夏季卷）

Tsinghua Studies in Western Philosophy
Vol.7, No.1 (Summer 2021)

中国社会科学出版社

图书在版编目（CIP）数据

清华西方哲学研究. 第七卷. 第一期：2021 年. 夏季卷／蒋运鹏主编.
—北京：中国社会科学出版社，2021.8
ISBN 978 – 7 – 5203 – 8656 – 2

Ⅰ.①清…　Ⅱ.①蒋…　Ⅲ.①西方哲学—文集　Ⅳ.①B5 – 53

中国版本图书馆 CIP 数据核字（2021）第 117740 号

出 版 人	赵剑英
责任编辑	刘亚楠
责任校对	张爱华
责任印制	张雪娇

出　　版	中国社会科学出版社
社　　址	北京鼓楼西大街甲 158 号
邮　　编	100720
网　　址	http://www.csspw.cn
发 行 部	010 – 84083685
门 市 部	010 – 84029450
经　　销	新华书店及其他书店

印　　刷	北京君升印刷有限公司
装　　订	廊坊市广阳区广增装订厂
版　　次	2021 年 8 月第 1 版
印　　次	2021 年 8 月第 1 次印刷

开　　本	710×1000　1/16
印　　张	12.75
插　　页	2
字　　数	194 千字
定　　价	79.00 元

Academic Advisory Board（学术咨询委员会）

FU Yongjun（傅永军）　*Shandong University，China*

GUO Dawei（郭大为）　*Party School of the Central Committee of C. P. C，China*

HAN Lixin（韩立新）　*Tsinghua University，China*

HAN Shuifa（韩水法）　*Peking University，China*

HAN Donghui（韩东晖）　*Renmin University of China，China*

HUAN GYusheng（黄裕生）　*Tsinghua University，China*

JIANG Yi（江怡）　*Shanxi University，China*

LI Daqiang（李大强）　*Jilin University，China*

LI He（李河）　*Chinese Academy of Social Sciences，China*

LI Meng（李猛）　*Peking University，China*

LI Wentang（李文堂）　*Party School of the Central Committee of C. P. C，China*

LIU Fenrong（刘奋荣）　*Tsinghua University，China*

LIU Zhe（刘哲）　*Peking University，China*

MA Yinmao（马寅卯）　*Chinese Academy of Social Sciences，China*

MO Weimin（莫伟民）　*Fudan University，China*

NIE Minli（聂敏里）　*Renmin University of China，China*

SHANG Jie（尚杰）　*Chinese Academy of Social Sciences，China*

SHANG Xinjian（尚新建）　*Peking University，China*

SONG Jijie（宋继杰）　*Tsinghua University，China*

SUN Xiangchen（孙向晨）　*Fudan University，China*

TANG Hao（唐浩）　*Tsinghua University，China*

TIAN Wei（田薇）　*Tsinghua University，China*

WANG Heng（王恒）　*Nanjing University，China*

WANG Qi（王齐）　*Chinese Academy of Social Sciences，China*

WU Guosheng（吴国盛）　*Tsinghua University，China*

WU Tianyue（吴天岳）　*Peking University，China*

XIA Ying（夏莹）　*Tsinghua University，China*

XIE Wenyu（谢文郁）　*Shandong University，China*

XU Xiangdong（徐向东）　*Zhejiang University，China*

YU Qizhi（于奇智）　*South China Normal University，China*

YU Zhenhua（郁振华）　*East China Normal University，China*

ZHANG Rong（张荣）　*Nanjing University，China*

【联系方式/Contact Information】：

清华大学哲学系《清华西方哲学研究》编辑部

联系人：蒋运鹏（主编）

地　　址：北京市海淀区清华园 1 号清华大学蒙民伟人文楼 208 室，邮编 100084

E-mail：tswp@ mail. tsinghua. edu. cn

TSWP Editorial Office

AsherJiang Editor-in-Chief

Tsinghua Studies in Western Philosophy

Department of Philosophy

Tsinghua University

Room 208，Meng Minwei Building，Qinghuayuan Nr. 1

Haidian District，Beijing，P. R. China，100084

Email：tswp@ mail. tsinghua. edu. cn

目　　录

理论哲学

实践哲学

古希腊哲学

Contents

Theoritical Philosophy

Practical Philosophy

Ancient Greek Philosophy

理论哲学
Theoretical Philosophy

康德与现象学中的先验哲学思想[*]
The Idea of Transcendental Philosophy
at Kant and in Phenomenology

欧根·芬克（Eugen Fink）[**]

周建昊（ZHOU Jianhao）/译（trans.）[***]

在这个讲座的题目下，待讨论的话题是康德和现象学中的先验哲学思想。而这种指称必须预先受到实质性的限制。将康德式的与现象学式的先验哲学思想各自表述为共同哲学发展（mitphilosophierende Entfaltung）的任务，这个问题内容距离自然思维是如此之远，并且作为对其核心意义及其整个系统性结构的创造性阐述，很难在一次演讲的语境下被理解、更别说完全掌握了。这里处理的是一个小得多的问题。以下陈述将始终以现象学特有的哲学化提问之基本方式为引导，即它们只是尝试以一个理解其决定

---

* 译自 Fink, E., 2004, "Die Idee der Transcendentalphilosophie bei Kant und in der Phänomenologie", *Nähe und Distanz: Phänomenologische Vorträge und Aufsätze*, Freiburg/München: Verlag Karl Alber, pp. 7 – 44。根据原文题注，本文内容为应康德协会邀请于 1935 年 12 月 4 日在德绍和 5 日在伯恩堡进行的演讲。文稿由胡塞尔事先看过。

** 欧根·芬克（1905—1975）：德国哲学家、现象学家。曾长期担任现象学创始人埃德蒙德·胡塞尔的私人助手，第二次世界大战后获得弗莱堡大学哲学和心理学讲席，对现象学运动的发展有自己的原创性贡献（Eugen Fink, 1905 – 1975, German philosopher and phenomenologist. He has been a private assistant to Edmund Husserl, the founder of phenomenology for a long period. He won the teaching post of philosophy and psychology at Freiburg University after World War II, and had his own original contribution to the development of the Phenomenology Movement）。

*** 周建昊：清华大学哲学系博士研究生（ZHOU Jianhao, PhD Candidate, Department of Philosophy, TsinghuaUniversity, Email: zhoujh19@ mails. tsinghua. edu. cn）。

性问题开端（Problemansatze）之导引的形式，做一个对现象学——相当初步的——导论。

"导引"一词已经预先对两方面有所假定：1. 决定出发点（Ausgangsbasis），作为对位置的确认，导引将会从那里开始；2. 对导引所开拓方向一个有启发性的预览。

我们所处的作为精神性境况的位置，即这里和现在，是康德的社会，不仅因为我们可能是其中的成员，而是说如果一个这样的社会超越了只是单纯联合的普通层次，我们之此在与康德哲学的关联就建立起来了。从康德规定的我们之共同体这里和当下的境况出发，现象学哲学基本问题的导引将会付诸启动了。

似乎引导路径的方向只能通过指向在该进路中首先要达到的目标来实现。换句话说，我们必须先大致了解我们要寻求什么。但如果有待我们去规定的哲学与我们所从之开始的哲学彼此间有某种一致和亲缘关系，那么产生的困难不是最有可能被消除的吗？这两种哲学，康德哲学和现象学，不都愿意在其自身理解中把自己称为"先验哲学"吗？因此，还有比两种哲学体系以某种方式都具有的先验哲学的观念放在比较考量的中心，展示对康德概念的现象学式理解之不断的相互对立（Gegeneinanderhalten）和自身提升（Abheben der Selbigkeiten），并比较基本把握、系统概念和方法方面的区别和相似性更为切近自然的选择吗？

当某门哲学的出发点是为了刻画另一门哲学的时候，这样一种比较思考的方法不仅是明显和完全自然的，而且还因其所带来的内在优势而得到证明。在比较的约束下，每门（哲学）本己的开端状况，都要被带到与一门异己哲学客观并列的位置上。作为进行比较者，我们需要从自己信仰的哲学理论中脱身出来、使之成为比较关系中的一个主题环节。我们将以一种完全相反的方向把我们带到自己的位置上。比较思考的第一个优点是它让我们脱离了自己拥护的立场。第二个优点在于一种必然的、超越了任何系统限制的更普遍的概念建构（Begriffsbildung）。例如在我们的情况中，只在康德或现象学的意义上使用"先验哲学"一词就是不再必要的。正是通过比较考虑，我们才获得了关于先验哲学思想更一般的知识，因此，根据比较中产生的这种"普遍性"，相应的康德或现象学术语将不得不作为一种特殊的表达出现。这一点就指出了第三个优势：在比较中建构的更具普遍性的概念，是在"作为普遍观念之事实形式的"哲学论断背后一种可能回溯（Rückgang）的先决条件，因此可以揭露其历史的意义变化（Sinnwandel）。

这三个优点共同构成了作为哲学学说之公正、超越和历史性描述的精神态度和方法，人们称之为洞察术（Doxographie）。如果我们能概略地（即使仅限于基本的结构）使用比较—洞察术的方法，那我们可以相信，这种方法特有的公正性能让我们期待关于两个体系间内部异同的客观知识，以及对其历史背景的历史性理解。我们能获得丰富的学术知识，但在康德和现象学那里真正发生了什么，还没有被把握。伴随着恼人的不言而喻性，洞察术方法自身提供的不仅不是一个支持性的论证，还必然引起了最强烈的怀疑。每一种方法，如果它想成为一条真正的进路（Zugang），都只能通过衡量它所揭示的内容之本质来实现其开创性的成就。然而洞察术的方法在其所有前提条件中都与哲学的本质相矛盾，以至于它不仅本身无法被开辟发展，而且还是关闭和抑制所有理解的最可靠方法——而关于"我们能否在这篇讨论康德式和现象学的先验哲学思想之内在关联的论文中摆脱洞察术态度的不言而喻性和看起来明显无妨害的正当性"的问题，很大程度上取决于我们能否进入这里所提出问题的那个维度。捍卫洞察术是一个朝向哲学之基于事实（sachgerehten）进路的问题、作为世界中的一种"工作"而出现，同时它也是对我们生活中一种基本态度的攻击，这种态度不是我们偶尔采取，而是总首先所采取的。因为我们遇到"哲学"这样事物的方式，取决于我们遇到之存在的一般基本特征。我们与存在之相遇的决定性基础是对客观现成者的接受，将它作为主体间认同的事实。没有什么可以阻碍我们区分这样的两种事实，即简单事实（没有任何困难就可以获取的），和与特定方法条件（Zugangsbedingungen）相联系的事实。一般而言，所有的存在者都是事实、都是客观现成，并在其客观性中是可通达、可确定的。这是自然主义不言而喻的基本教条，它支配着我们对存在者的直接态度：我们生活在一个物的世界中。广义上的"物"不仅是物质质料意义上的自然物，而且也有所谓的文化物（Kulturdinge）：工具、纪念碑、城邦、法律、乐谱中客观固定的乐曲，作为书籍文本而客观现成的哲学等。

因此一门哲学是一个记录在文本中的"精神事实"，它不是简单地给予的，而是受制于客观具体的获取条件。无论理解一种哲学有多么的困难，例如有必要把这些词语平常的含义退回到更为深奥的含义上，即它们仅在这个哲学语境中才有的确切含义，但理想而言，必须有穿越所有这些实际障碍的清晰进路。这就是说：理想情况下，必须有关于哲学的明确真理，关于哲学客观真实的陈述。但这是属于洞察术的真正成见。这无非是一种对于"作为此在者哲学之作品的、神秘的存在方式之认知"的方法论反思，而后者是基于一种对我们此在自然主义朴素性（的认识）。

那种向我们给出一种哲学实际存在的、并且仅在它的解决办法中就能找到拒绝洞察术态度的内在而令人信服理由的存在论问题，不可能在这里提出。而余下的一些暗示（Hinweise）可能会表明这个问题。

哲学源起于人类的追问思维，它一经形成，就总是将存在者对生活的直接态度、作为无疑问和不言而喻领域的世界，以及看起来切近可感的事实和清晰明显的事物抛诸脑后——其实总结起来就是一个问题，即所谓不言而喻者的不言而喻性，以及真正构成事实的事实性。然而作为一种作品，哲学恰恰位于它本质上永远不可能存在之处：原则上每个人都能接触到的事物之领域。随着哲学知识的语言保存导致了这一作品的诞生，哲学呈现出其矛盾的生存形式：它既是在场的，又是不在场的；作为在另一种书面语言（Sprachdokument）中的书面语言而在场，作为哲学意义而不在场，又是客观和无疑问现成物之领域中持续不断的线索。作为作品存在之哲学的这种内在张力确实被认为是一个令人不安的问题，但它大多数时候被误解为哲学命题的一种解释性需要（Interpretationsbedürftigkeit）。这里对于解释的理解是一种理想的、客观有效的解释，它是哲学所难以达到的真实意义，而与语言的自然意义之暗示所带来的误解有关。如此，解释的真正本质被歪曲为对作为作品存在之哲学一种总必然成问题的通达方式。一门解释性的哲学，并不意味着在一个客观有效的报告中把理论从误解中解脱出来，而首先和最主要是一种尝试，是拒斥世界的不言而喻性，跳入对哲学基本问题的提问。只有被一个问题的原始力量所（与世界）分离开（Mitgerissenwerden）——这个问题质疑的是作为整体的我们的自然世界，及其中的自然、动物、人和神等——时，我们才有可能对哲学化此在所涉及的事物自身有所把握。但这样一种质疑性的阐释相对于其作为客观有效者的解释——即一种被看作可获得且明确规定而采取的理论而言，还是不够直白的。

如果洞察术的兴趣及其解释方式基本上总是关于观点的客观确定，那么一种从对哲学自身之质疑开始的阐释，就需要通过一些哲学家的书面观点，来追求对事物自身的理解。哲学在其文本中呈现出不清晰和模棱两可的类型，这必须被理解为我们对它采取双重方式行为的原因：一旦我们面对到它，就无法再进入它了，但我们可以把它作为一种现成和有书面记录的理论来采取，并尝试无偏见地对它进行定义。我们如此把握的只是观点；或者我们可以把自己排除在质疑的风险之外，但这样是不能客观确定地消除本己开端所受到的疑问的，因为对于"这样的质疑是否真的进入了问题的深处"，还没有明确的决定。但可以确定的是，作为工作而存在的哲学如果完全揭示了自身，那么它所讲出来的东西，要少于怀着轻率洞察术态度走向它的人所持有观点（的内容），后者从其所采取的问题开始就是偏见的，因为在其可能开放性的范围内，它事先就已经处在了所提问题强大的影响力量之下。黑格尔的话可以为此证明："居住在一种哲学中的活的精神有所渴求；它要通过相关精神的诞生揭示自身。它在历史行为面前漫游，而历史行为源于任意对意见之知识的兴趣，是一种外来现象，并不能展开其内在的本质。"①

但仅仅这一点，即无法达到书面哲学记录的活的精神，对洞察术态度——这种几乎涉及了哲学史所有纲要的方法，还不足以致命、使它决定性地失败——而最重要的是：一般来说，所谓的自然主义世界观本身并未出现，但它以其无偏见性（Unvoreingenommenheit）而自豪，声称在自己的

---

① Hegel（1927, Bd. 1：40）.

氛围中找到了哲学。而其无偏见性不过是普通知性的傲慢，它使自己成为判断事件的法官，在其中它和它的世界向底部沉降（zugrundegehen）。

如果确实如此，还有哲学可以被报告吗？是否还可以合理地寻求在康德学说的开端处进行一个现象学的导论？难道我们对这种看似不言而喻的洞察术方法的天真信心，并没有让我们提出的任务从身边溜走吗？我们明确不做的，是对康德式与现象学之先验哲学思想间关系的一种客观报告。而且的确成立的是，任何哲学如果只对一种解释行为开放，那么任何解释都可能有其内在的危险：它们错失了真正的问题，没有与之交会。对现象学基本问题进行一个完善的导论，并由此对康德和胡塞尔进行唯一真正的阐释，这是一个太过深远的主题。因此，我们通过把这个问题放在中心位置，来尝试把自己进一步限制于一种纯粹阐释性方法之上，这就是：先验问题意味着什么？

在《纯粹理性批判》的引言中，康德确定了这种批判在先验哲学新任务中的整体位置，正如他所说——一般来说没有现成者，而只有一种观念存在。先验哲学本身被称为纯粹理性体系，对它的批评只需要在原则上完整地列出计划。从这个基本的概略到系统本身中间还有很长的路要走，这就是康德称之为从"纯粹理性机能"到"纯粹理性器官"的阶段。因此从一开始，对纯粹理性的批判就并不等于先验哲学的概念，而是作为其发展的必要的第一阶段。由康德所发展的先验哲学创造性设计，即使目前还只表现在基本的草图中，但根据其最强调的自我鉴定（Selbstzeugnis），其动机是为形而上学进行一种新的奠基，或者说将形而上学提升到科学水平的努力。也就是说，康德为先验哲学所做的努力源自于他对传统形而上学无知性（Unwissenshaftlichkeit）的洞察。不言而喻性是现代的东西——即长期以来的哲学根源已经消亡——康德对科学概念（Wissenscaftsbegriff）的关心，从不是置于形而上学科学性（Wissenshaftlichkeit）之上的。康德并没有落入我们时代的误解，在这一误解中，赞成和反对哲学科学性的争论是从属于来自实证科学之科学概念的。康德所谓"从独断论之迷梦中醒来"的论题是：形而上学缺乏可能和实质的科学性，它确实作为人类的"奋斗精神"（Naturanlage）而存在，并因此总尝试在哲学系统中表达自身，但它从未真正作为科学而存在。由此，对从前形而上学更尖锐和原则性的拒绝是不可想象的。因此，康德为形而上学进行新奠基的想法并不意味着从一开始就改善科学在科学性尊严方面的欠缺，而首先是要建立这种科学本身：形而上学作为科学的基础。对于它被托付的这项任务，康德从"纯粹理性批判"这个基础的任务开始说起："批判与普通学院派形而上学的关系，就好像化学对于炼金术，或天文学对于占星术。"① 那些想把这种说法解释为傲慢自我评价的人，都不了解康德所面临的问题之大、之严重。康德没有减损伟大的形而上学传统，而是在对可质疑性（Fragwürdigkeit）的创造性设计中重新审视它，而形而上学之科学性的命运在此过程中被决定。这里应该澄清的是：传统形而上学不是因为在其范围内缺乏科学性，例如其论题之最佳论证的理想状态，从而是不科学的。康德并未用其视域中的一种科学理念去衡量它。相反，这种看法才是"不科学的"，因为它甚至还不知道决定性的问题。但问题在于，它所欠缺的是什么呢？除了对这个问题做出回答外没有别的：形而上学是如何可能的？康德明确地在认识中将形而上学列为科学，因为它有自己的可能性，对这一点该如何理解？当我们问形而上学之可能性问题是否该由形而上学本身回答时意味着什么？这样的回答不能以对实际存在肯定的证明，即在形而上学的自我表现（Sichselbst-vorfuhren）或否定性陈述中得出，因为一般而言，"是否存在形而上学"根本不是一个问题。相反，正是在对形而上学现实性的怀疑论式疑问的引导下，一个问题被提出了（正如休谟怀疑论让康德转变那样）：形而上学是如何能被给予的，也即内在可能性条件的问题，当一门实际的形而上学要为自己的主张辩护时，就必须洞察这一点。但是，作为"其可能存在之内在条件问题"的形而上学可能性问题，是形而上学的自身奠基（Selbstbegründung）。因此根据康德的说法，我们在阐明这些困难的关联时，已经初步触及了问题的概念，而这些问题决定了形而上学的科学性。因此哲学是这样一种知识，它通过预先揭示其可能性条件而将自身带入科学，也就是说，它是为自身奠基的。而形而上学的

---

① Kant（1965：134）.

这种自身奠基是先验哲学的工作，它"走在所有形而上学前面"。但如我们所见，在其发展的第一阶段，先验哲学是对纯粹理性的批判。那么形而上学的自身奠基在多大程度上是对纯粹理性的批判？纯粹理性首先是整体形而上学知识的名称。但形而上学的知识对于康德来说——这里他是站在他所质疑之传统基础上的——只不过是关于人类的知识，由此他认识到，事物的一般本质独立且不依赖于所有的经验，也就是"先天"的。因此，纯粹理性批判是对先天认识能力的批判（对康德来说，存在先天知识和形而上学的形式概念一样不是问题，因为对存在者本质的认识是由纯粹理性而来的）。

　　先验哲学的观念现在被分为两个规定：形而上学的自身奠基和对形而上学认识的批判。现在我们开始提出这个问题了，有了它就可以开启我们的解释方法（Interpretationsansatz）：如果形而上学的自身奠基和对形而上学认识的批判这二者都是对先验哲学思想的规定，那它们之间是如何产生内部关联的？这里的"危险"是，这些联系都将太快地进入不言而喻的洞察之氛围中，而这正是我们可能跳过问题的原因。可以说：形而上学的自身奠基显然也只是对形而上学方法的反思，即对形而上学认识的一种批判性阐明。有了这种被普遍接受的解释，问题就被永久地从手头消去了。这一切都取决于保持两个规定间内在关联之陌生性（Befremdlichkeit）的开放，而不是将其保存在一个明显"不言而喻的主张"里。我们首先选择绕道而行。如果作为形而上学基础的先验哲学，与康德所宣称的形而上学传统形成了原则上的对立，那么显然康德所言的传统具有一种特征，最终能给出线索、指向我们所寻求的联系。事实上，康德将传统形而上学的基本习性规定为"独断论的"。这在本质上是由两个因素决定的："独断论是纯粹理性进行独断的过程，而它自身的能力没有被事先批判过。"① 独断论的第二个特点，则是将先天的知识视作是"物自身"的。看起来我们更容易处理第一个规定。独断论显得像是形而上学知识朴素的执行模式，在其中形而上学家几乎迷失在他的主题里，无法使持续运用的认识能力成为批判

---

① Kant, *Kritik der reinen Vernunft*, Vorrede zur zweiten Auflage, BXXXV.

性反思的对象。独断论的第二个方面呈现出无可比拟的更大的困难。所有知识都是关于物的，是存有之物的知识。对实在物本质的形而上学认识被认为只能与物自身有关。这种主张在多大程度上是非法的？

如果独断论的概念包含两个不同的环节，而我们尚无法认识它们的内部关系，那么也许可以假设，它们在某种程度上与先验哲学的两个规定相对应。如果说先验哲学是对纯粹理性的批判，那么独断论显然就是这种批判的缺乏，也就是先验知识领域里朴素的执行练习（Vollzugsbetatigung）。独断论声称它了解物自体，这是否与形而上学的自身奠基（作为先验哲学）相对立？形而上学的自身奠基作为对其内在可能性条件的论证，决定了康德对形而上学认识可能性的质问。然而，质问知识的可能性首先意味着追问在知识中被认清者的存在构成（Seinsverfassung）。所以，对形而上学认识可能性的提问，必须阐明被先天地认知之存在者的存在构成，即先让它成为一个问题，而不是简单地把它留在物自体的这样一种不言而喻性中。康德关于先验哲学论述中所涉及之基本思想的描述，可以示意性地这样表示：先验哲学的观念，可以在两个规定方面中得到阐述；一个是：纯粹理性批判＝对形而上学认识的批判；另一个是：作为科学的形而上学＝形而上学的可能性＝形而上学的自身奠基＝对形而上学认识可能性的追问。

这两个方面也可以在康德先验地使用语词之前类似的定义性陈述中找到。首先，该术语并不主要指实体性的存在者类型，也不是一个自我、主体性，或者能力，而是哲学认知和提问的方式，哲学在其中才成为自身奠基的科学。由于在大多数定义中，两个被疑问的环节都已经组合在一起了，我们将坚持（留意）那些能将它们认知为两个不同环节的地方。因为它们内在的统一性正是问题所在。康德首先规定说："我把所有不是通过对象获得，而是通过我们的概念先天地从对象中获得的知识，称为先验的知识。"① 用我们的概念先天地进行操作，这不是对形而上学认识的批判吗？换种说法就是，整个先验哲学无非就是对一个问题的解答：先天综合

---

① Kant, *Kritik der reinen Vernunft*, Einleitung, A12.

判断是如何可能的？①

　　不幸的是，对于那在康德式的、把形而上学认识作为"先天综合判断"的阐述中隐藏了自身的富有启发性的问题，我们不得不先将它放在一边。在这里唯一重要的是，先验知识是形而上学的（认识）可能性问题的解决方案。因此，让我们再重申一遍指导了我们解释方法的问题：关于形而上学知识可能性的问题，在多大程度上是对它的一种批判？对先天知识的一种批判性认识是否已经是对其可能性的阐明？在澄清其可能性之前，不是应该首先探求形而上学认识的真正本质吗？那是不是说对纯粹理性的批判是在先的问题，对于其可能运用的阐明则是事后的（当它也很重要的时候）？这确实是很多康德解释的基本特征，我们可以将其分组为三个类型。一般来说我们会这样表述：相对于传统的形而上学，康德有一个彻底的转变。所谓的"独断论形而上学"在朴素—主题态度中指向存在者及其本质结构，而康德通过转向驱动知识的主体本身，扭转了这一主题取向。此基本信念的三种典型形式如下：1. 康德的先验哲学是对形而上学和所有科学有条理的思考（Methodenbesinnung），是科学理论；2. 这种解释本质上更朴素——对纯粹理性的批评是对用具、形而上学工具的研究，即仅仅是对哲学的一种预备；3. 在对纯粹理性做出的批判性回转（Zuruckwendung）中，康德首先发现了形而上学真正的主题领域：主体性或曰"心灵"，接着便与所谓"德国观念论"之"心灵的形而上学"联系在一起。但所有这些对先验哲学思想的解释（作为科学理论、作为预备和作为心灵的形而上学）都缺少康德式提问的意义，因为它们没能把握住先验哲学思想中两个规定间的内在联系。只要它想成为对形而上学的奠基，那康德的先验哲学就应该是一种针对存在者自身的颠覆性的新提问方式。纯粹理性批判不是一种形而上学知识的主题认识理论，后者对形而上学的对象——存在者——采取一种类似于对被感知物之感知的反思性分析。也就是说，康德对纯粹理性的批判不能被解释为反思性思想的指导，即对传统形而上学主题观点的颠覆。但这样的一种解释又几乎是不可避免的，因为它正是

---

　　①　Kant（1965：§5）．

先验哲学思想的规定性环节，即对纯粹理性的批判，它被视为真正的主导性规定。

因此，我们又回到了这个问题：理性批判是如何与"形而上学知识如何可能"问题的解决相关的？对先天知识可能性问题的解答是否可以在对纯粹理性运用的反思性批评中做出？还是说相反，不能从形而上学知识可能性的问题中理解对纯粹理性进行批判的必要？

不过，这正是用我们的解释方法得出的第一个正面主张之论点。只有当形而上学知识的本质问题在关于其可能性之急迫问题的引导下被尊重接受（eingehalten）的时候，康德所揭示的意义才能被完全把握。那如何至少在轮廓上明确这一点呢？现在我们要问："形而上学知识可能性"的真正意思是什么？答案并非主要在形而上学知识本身的探索中寻找，而是在对存在者的规定，在先天的认知中。也就是说，不在被认知者中，而在认知本身中。关于形而上学知识的可能性的问题不能来自于对认知能力的反思性研究，而只能来自对存在者之存在构成的深入了解。换言之：它不是一个认识理论或者认识批判的问题，而是一个存在论的问题，尽管这个存在论问题就其自己的分量而言必须被转化为对纯粹理性的批判。存在者自身提供了什么，能允许像形而上学知识这样的东西——一般地先于所有经验、而只从纯粹理性得来的知识——存在？这种对存在者的允许，这种宽容性是对康德来说真正的问题。就像我们能从特定个体存在者中得知它有这样那样的特性一样，它的确是根据经验做出回答的。在经验中我们自己去存在，并从自己身上获取真理。另外，如果不去经验、不获取关于自己的真理，就从并非我们自己之存在者身上，认识到一般存在构成之普遍有效性（Allgemeingültigkeit）和必要性，甚至完全停留在自身内部，却能在不以存在者自身为准的情况下就能拓展这些先天的知识，这是如何可能的呢？这就是康德在所有的黑暗性中首先感到困惑的东西，这种未解决性（Ungelöstheit）让他认为形而上学是不科学的。存在者是否已经建立在这种开放的基础上，以便其本质得到预先的了解？在存在的本质和先天概念——纯粹理性在其中达到自身持存（Beisichselbstbleiben）这二者之间，是否有一种前定和谐呢？

在所有相遇之前，存在者如何被认识、如何为真？康德提出了这些问题，然后用一种"纯粹理性批判"来回答。这其中的关联如何把握？我们认为：可能性问题是一个存在论的（问题），因为它试图以之前揭露（preisgegeben）真理的方式，探索存在者的存在构成。把存在论以如此的方式作为一个问题，以让已经被揭露其真理的、存在者独特的（merkwur-dige）存在构成走向中心，这正是康德提出的"先验问题"。

为什么以这种方式进行的存在论提问被称为先验的呢？我们将试图以一种与康德文本段落反向的方式来解释。在建立所有纯粹知性概念之完整板块的背景下，他谈到了"古代的先验哲学"，后者除了对纯粹知性概念"狂想式"的思考之外，还有一些作为对事物谓述的奇特概念，在后来经院哲学的命题中得到了总结："每个存在物都是一，是真，是善。"实际上，这些不是事物的谓词，而仅仅是"所有关于事物知识的逻辑要求和准则"。① 现在，我们无法追踪康德将概念推向何处。但是，它们不是事物（范畴）的纯粹谓词这一事实必须保持为无争议的。但令人怀疑的是，这些概念尽管不是纯粹的对存在者的规定，但最终却与如此这般的存在处在一种成疑问的关联里。作为世内现成多样事物的存在者，依照其普遍性的等级，被划分为多样的类型和种属；例如这样的顺序："猫—哺乳类—动物—生命"。那使猫成为猫的猫性，是它的"实在"，它的整体性。就最广义的事物而言，所有具有整体性的存在者，都被置入普遍的物性结构中、处在范畴结构的框架之下，例如实体性、因果性等。现在，关于一、真、善等这些概念是什么、它们的普遍性又是什么？它们的普遍性首先被理解为等同于"存在者"概念的普遍性。每个存在者，只要它还仅仅是一个存在者，它就已经是一、真、善的存在。存在（ON，ens）概念的普遍性——就像亚里士多德在他的逻辑证明中所努力展现的那样——不是一个类型、一个种属，也不是范畴的规定，而是超越了所有这些普遍性。存在的概念及其后的一、真、善都被称为"超越的"，因为它们超越了普遍存在的所有其他方式。这些先验概念之

---

① Kant，*Kritik der reinen Vernunft*，B113 – 114.

间的内在关系在一开始是完全黑暗的。这第一次被展现出来的问题是埋藏得如此之深，鉴于康德对先验者的谈论，可以说它在近代形而上学中仅仅是被树立为一种"荣誉"。但"这个问题被掩盖在无法辨认性（Unkenntlichkeit）中"，这一点本身不也有其意义吗？这些先验者并非来自一个"存在概念还未从无表现力、空乏的所谓'最普遍和最高的'之概念中溜走"的时期；（而是）来自于这样一个时期，在其中存在与一、真、善的关系不再是一个重言的等式，而是一个作为中心问题的主题吗？我们将存在与一、存在与真等的关系术语地理解为"先验的关联"。古代哲学在很大程度上是围绕着存在（ON）与一（HEN）之间的先验关联而产生的。在亚里士多德的形而上学中，这种新知识被规定为"存在之为存在"和神的问题。也许一种对这个经常有争议之双重规定的解释，可以被认为是存在和善之间的先验关联问题。

我们提出的论点是：康德的先验哲学只不过是对形而上学的一种新奠基，即对存在与真先验关联的一种存在论追问。这个新奠基的核心问题是，形而上学的知识到底是如何可能的，即就像存在者的内在本质一样，它已经是一个真实的东西。存在是如何这样为真的呢？这个问题不是为了澄清经验知识，即存在者是如何有时是知识之真对象的。它并非只是偶然地出现的关于存在的真理；相反，它是存在的真理，因为它是必然而持续地属于存在的。问题在于：存在者如何能够提前揭示自身存在的真理呢？康德对这个问题的解答无法概略地展现。在这里我们只能阐述所谓"先验演绎"的基本思想：存在者先于所有经验而提前揭示其存在之真理的可能性条件是，这个真理并不是属于自在之物的，但首先由存在所建构。换言之：如果在形而上学知识本质中被预先认知的东西是一种陌异于主体的物自身，那么根本就不可能产生任何关于它的先天的知识。另外，要成为先天的，它（知识）也不能从与存在者本身的经验性相遇中提炼。因此，如果它不是指向存在者的话，又如何与纯粹的幻觉相区分呢？但形而上学知识即来自纯粹理性的知识，在数学中却是无可置疑的、被见证的事实。所以这种知识不能是对物自身本质的认识，而是关于"存在自身与主体性处在一种必然内在关联之中"的，即存在原则上是一种真。对这一关联的阐明就给出了"纯粹理性批判"的主题。现在我们问：在形而上学知识如何可能存在的决定性问题中，先验哲学对纯粹理性批判的规定实际在多大程度上被接受？正是因为康德没有在对存在者的反思性背离中使纯粹理性成为主题，而是问存在者，所以在存在与真之先验关联的视域中，纯粹理性必须成为主题。如果形而上学认识的真理不能由物自身而来，即不能在对独断地设定的物自身之度量或适应性中找到客观性的话，那显然它必须在自身中包含构成客观性的原则。如果问题的暴露是在这样一个问题之下，即存在者如何能预先为真，那么解答在于这样的事实：存在现在被转化为了真理，正是真（Verum）构成了存在（Ens）的本质。也就是说，纯粹理性——形而上学认识的可能——从客体的客观性、对象的对象性那里勾画出其自身。存在与作为人之本质的理性处于一种内在关联中。对存在者关于其存在构成的存在论问题允许预先的真存在，它在其提问的过程中，变成了一种对纯粹理性的批判、一个对人之本质的提问。

康德的这一论述是如何成为对"存在和理性关联"与"人是如何进入存在论问题中心"之系统性展开的，我们在这里先不能跟进。总之，我们打算就其对基本问题的揭示，简要地刻画康德式的立场——关于它的前提条件和其先验问题的形式—结构。康德将存在和真的问题设计为对整个传统形而上学的质疑，但就停留在古老存在—解释，即存在首先意味着本质和范畴——而言，他还是以某种方式站在其基础上——但确实，这已经将他带入了自己关于存在和理性之关联的基本问题当中。这个情况将会在先验问题的领域内不可避免地阻止对于存在（本体）认识的经验。

这与一种重要的康德解释相矛盾，后者把"纯粹理性批判"解释为一种"经验理论"。但就经验这方面而言，康德是个无条件的理性主义者，即对他来说，人类只有在先前关于普遍者（Allgemeinen）知识的基础上，才能对这个或那个存在者做出行为，这一点是很清晰的。鉴于"纯粹理性批判"是要求先天认识的可能性、而这一点已经来自对经验认识之确保的建立，可以说康德的先验哲学也间接地是一种经验的理论。

作为不包含在（Nichteinbeziehung）关于存在和主体性的先验问题中

的、对于经验的特殊跨越（Überspringen），是接下来时期里使先验哲学思想得以保持的最强烈的动机之一（从那时起，德国观念论哲学就以试图克服存在与主体间部分关联的观点而表现出来）。

现在，康德先验问题的形式结构应该以一种抽象的方式得到简约的强调。

关于这些形式结构，我们现在的任务是为现象学哲学方法的实际问题进行铺平道路的指导。现象学哲学并未声称要改善或扩展康德对先验问题的解决；它在解决先验问题的方式上与康德完全不同，而是在对康德问题的根本转变中开始了其真正和本己的哲学思考。

在谈论转变的时候，我们并不是说在客观问题的意义中，发生了一种可以用洞察法确定的变化。相反，情况如下：首先，由于我们只能从现象学有条件的视域中阐明康德的方法，所以“这些现象学基本问题是对康德式先验问题一种转变”的论断，也被放入我们的条件性中。现在这就是我们描述康德问题的方式。先验问题意味着什么？先验问题是这样的一种针对存在者整体的问题，它已经在提问人的本质。先验问题是这样的一种针对人的问题，在这个问题中，我也在提问存在者整体。先验问题并不像从心理学到人类学的所有反思性主题那样，触及作为存在中一个特定存在者的人类，而是要作为存在者整体中的人类以某种方式扩展到实存的世界（Weltwesen）。

在取自康德先验问题的这种形式特征之指导下，我们现在正在通过以下思考的步骤努力研究现象学方法：1. 在作为先验问题之准备的现象学哲学中，对存在概念的确定；2. 作为对存在与主体性之间关系疑问的、先验问题的形成；3. 作为存在基础的人之本质。

实际的现象学问题只是对存在的一种预备性规定，它提出了一个巨大的工作进程，后者似乎只能被概略地描述。我们最好从现象学工作进程所依据的精神态度开始。而这种态度也不过是从开始就持有彻底无前见性（Vorurteilslosigkeit）的意愿。这首先意味着，现象学的开始是对历史的反叛，是消解传统的意愿。事实上，现象学的开端是否真的可以使自己摆脱传统的力量，或者它是否能以被隐藏的方式确定（只是看起来）无偏见的开端，这一点也是永远无法完全确定的。① 本质上，它必须做一个下决心的尝试，去摆脱传统的精神禁令。但这里的传统不仅包括对过去哲学的存在—解释，而是也有丰富到几乎不可测量的知识—流动（Wissens-Auflagen），已经进入我们的日常生活、最日常的对事物的执行和使用中。我们只是把事物视为数千年历史中哲学、宗教、科学的积淀，以及日常实践中的交往经验，大多数时候我们对历史性一无所知，这证明了传统的巨大力量。对存在者的现象学规定，是以反抗历史之态度进行的。当然传统本身的权利并没有争议。什么是偏见、什么是真理也还没有被决定。在一开始，现象学家只是生活在无偏见的意愿下，即没有信念、没有意见，没有关于事物的有效性预先的知识，所有的信念、意见、关于事物的知识都是从与存在者本身的相遇中新得来的。这个在其初步概念中的现象学是人类的一种尝试，是对原初者的开启，让所有关于存在的知识涌现（Entspringenlassen）。正如它所揭示的那样，这种释放只能在与存在者自身的实际相遇中发生。而通过存在者的自身展现（Sichzeigen）对它进行确定也就是识别。识别以语言为媒介而进行。但是每种语言已经在其语法结构和词语的名义能力（Nennkraft）上对存在者有着预先给出的解释。面对着这种沉默和危险的方式，每一门现象学的开端都必须得到保障。这是通过某种类型的谓述实现的，这种谓述在流动中保持着稳定、与存在者间的差异紧密相关，从而对僵硬的语言传统有所放松。这就是被广为议论的（vielberedeten）描述方法的含义。作为对所有相遇得到知识起源之释放的、对存在者的描述性识别，有着事物自身被给予的方法论基本原则。自身被给予就是真正和实在的识别。但自身给予是一种方法论进程的名字，它必须应对真正普遍的任务：一般而言，所有存在者都应该进入自身给予的模式，并如其被给予的那样，成为一种描述性规定的基层。必须从一开始就区分的是：直接的和间接的自身给予，直观的和非直观的。一个原汁原味的例子是：自我只有作为自己的我被给予时才是直接（非间接的）自身被给予，

---

① 胡塞尔对文稿的评注："但这一点只在我们从每一个例子中提取传统、并对它保持质疑时才有重要性。相反，有必要做的是——这也是决定性的——一个不可辩驳的决定，即一下子全面质疑整个有效生活（Geltungslebens）的传统，不管是公开的还是隐藏的。"

而他人之我（他我）的被给予性则是间接的，但就后者对于他来说是非间接的而言，它对自身的回指又是直接的。但我可以在直观性或非直观性的模式中再次让自己获得直接的自身被给予性，非直观的在自身中回指向直观的，是后者的一种变式。作为证明—原则的描述性识别，始终被要求必须回到存在者直接和直观的自身给予。

这样的一种方法不是公然的"经验主义"，把经验绝对化为朝向存在者的唯一进路吗？绝对不是的。作为哲学理论的经验主义总是已经预先决定认为，经验——与所谓的本质知识相对——是通往存在者的唯一进路。而对存在者的现象学规定在能识别直接直观的自身给予以前，没有什么方法论的理论。它对每种类型的每个存在者都保持开放。因此，它从未预先决定只有在像实在对象这样意义上的东西才能被直观地认定。所有的存在，实在物、意义、文化—谓述、数字、法律、国家等——一切都必须在其原初的被给予性中经受疑问、被描述性地规定。然而，这种对于所有存在领域（Seinsgebiet）及与其相关表达方式的开放性并不意味着存在者必然是在存在区域（Seinsbezirke）的一种简单并列中得到识别。毕竟在现象学方法的进程中，很快就会显现一种事物自身中的奠基秩序。就像间接的自身给予指向直接的、非直观的指向直观的，到最后整个存在—领域会指向他者。例如数字的领域，在其被解释为直观自身表达的存在方式中，已经是一种间接性：作为表示事物多样性之可能方式的数字，在其自身中对事物的自身被给予，已经有一种在先的解释。

是的，在对我们而言可以通达的范围内，以自身给予为导向的初步现象学任务，即对存在者的存货清点（Bestandsaufnahme），本质上甚至是更为困难和复杂的。事物不仅在典型的前知晓（Vorbekanntheit）中被遇到，在其中它把自己和类型、种属等一般概念关联起来；而且也在其（多样变化情境中的）整体性中被遇到，即所谓在不同的"世界"中，例如在"日常世界"中，在宗教或文艺活动的世界中，在"人们感到无聊"的世界中，等等。所有这些世间的整体情境，使人以不同的人之对世界开放性（Weltoffenheit）的方式展现自己，它们也必然进入自身被给予的主题。即使只是想做出一个适度的尝试，我们也会很快对这个问题多么困难有一个概念，就是描述前科学的世界，即原始的和简单给予物的世界。它显然与所谓"日常生活的世界"并不一样。在生活世界中我们对事物的知识需求是部分开放认知的、大部分是完全隐藏的，来自于学校、科学等等的输入。我们用收音机和电话处理"科学可解释性"的模糊视域。在这个日常世界中，我们发现不同领域间难以捉摸的漂浮不定和相互交错，以及向着平均程度的平和变换。

初始的现象学一个非常本质性的任务是，对前科学世界进行方法论的澄清、为（看起来）混乱的现象找到合理的根据，将它作为所有科学的起源基础（Ursprungsbodens）和所有普及科学应该向之回转的视域（归宿）（Rückkehrhorizonts）。一种对前科学世界的解释必须首先去除关于度量、空间、时间、事物的抽象概念等所有这些科学的意义成就。

但现在，如果说在存在区域的划分中、在多样的世界——情境中的存在者，都是按自身给予的方法被规定的，那还只能说这达到的是描述的一种完全单边的和所谓朴素的维度。向新描述—视域之转变是这样发生的，即通过存在者（先前被理解为同一的物或相同的意义形式）进入显现方式的多样性，而同一的物或意义形式在这些显现方式中出现。比起根据地区和世界—情境确定同一的事物和意义，"在（显现）方式中的对象"定义了一个更广大的描述性任务。在"于其方式中对象被描述"的标题下，不同问题的巨大多样性很快表明，我们一般所说的存在者只是一个抽象的同一极，它必须被纳入具体丰富的显现方式中而考虑。因此，我们生活本身的一种态度——对同一极的朴素定位——已经开始移动（现身）了。这是现象学内部发展中最重要的一步。鉴于显现方式的多样性，一种所谓的方法论进程是由其自身所要求的——也就是说，摆脱了事实的约束：这就是"意向意义分析"的方法。一个在其自身被给予中被描述的存在者，所蕴含的不仅是于其在场中的存在者，还首先有与其共同被解释的隐含的意义视域，它精确地规定着存在者的在场性，尽管它自身并不被认定为现成在场的东西。举个例子：一个东西——例如一棵树——当我们感知它时，它直接直观地被给予我们。我们在其规定性流动的充实中看到它，并可以进行逐步的预测。但我们真正看到的是什么？我们看到正面，但它也指向其他侧面，因为我可以绕着它走。我们看到一个表面，它指向内部，指向一种渗入的可能。我们看到一棵成熟的树，其所有过去的生长都隐含在其时间状态（Zeitzustand）中。所有存在者的所与都被储存在隐含意义性（Sinnhaftigkeit）的视域中，都必须被追问和解释，否则（当下）实际的自身给予就穷尽了其全部的内容。在初步的现象学中，这种对视域进行意向分析的方法被冠以"如此这般之含义"规定的标题。每个存在者都代表着一种被意指含义多维的显现结构。在"把一个存在者的对象性同一分解（Auseinanderlegung）为其共同意指之意义视域的多样性"的指导下，初级现象学迈出了它的第三步：对被意指生活自身的正题化。而意指的原现象被称为"意向性"。意向地起作用的生活又代表了这样一个问题，它超越了之前的两个问题层次、并把它们包含在自身内。意向性的基本形式——每个意指的行为、行为—综合、感知、回忆、同感、想象、估价、感觉、概念思维等等——都必须来自原始的表达，在其中，我们被给予主观现象并与之熟悉，在一种类比的意义上，我们进入了一种差异化的多样性，就像一个同一的事物，处在多方面的和潜在的意义视域中。不仅是这个同一的事物自身，而且每个方面、每个显现方式都以多样的模式指导着对主观综合和意义联结（Sinneszusammenschüsse）的阐明，例如保存、确认、证明和失实（Enttäuschens）。但不仅是行为，包括由行为形成的习惯性（例如做决定的决心、进行确信的信心）都应该在其意向的本质结构中得到阐明。而反过来，所有这些也必须通过进入生命流之交互主体地普遍化（Vergemeinschaftung）的问题，而得到再次的修正。从这些提示看来，这个工程几乎是无穷无尽的。

但这整个初步的现象学就是这样的形式，即对存在者进行现象学规定，作为对先验提问之方法的准备工作。对意向地解释的相关项（事物，在方式中的对象，意指的生活）之具体的充实，也就正是对存在领域整个范围的标记规定。但是，自身给予的方法保证了它存在大全（Seinsuniversums）的完整性。在其完整性中的相关项也就是"存在"。

现象学的基本问题以前被认为是康德先验问题的一种变换。康德的先验提问主旨在于为存在论进行一种新奠基。康德把存在置于一种与主体的内在关联中。但这种将存在规定为真的方式，是由康德对存在的传统理解所预先决定的。康德根据古代形而上学的基本方法，把存在定为普遍性（本质和范畴），这让先验关联成为一种"仅能是普遍的主观存在"之阐释条件。换言之：康德全然质疑的并不是存在，他所质疑的只是普遍性。遵循着古代的传统，先验问题还是缩小到了关于普遍者的问题。

　　在这种康德先验哲学思想的背景下，现象学哲学可以作为对存在（ens）和真、存在（Sein）和理性、存在和人之本质的部分参考，它是一种尝试，去质问整体中的存在、并以此建立一种它和人之本质间关联的尝试。这无非就是对存在者的哲学推导，也是对"为什么一般而言，存在者存在"（Seiendes ist）这个问题的回答。但这里我们马上面临着困难：如果主体性（作为生命的意义）构成了存在一部分，那么在主体性的一个回溯——在其中可以把存在规定为真——那里，存在者的概念还能是普遍的吗？是不是正因为这种"从与其显现方式相关的事物到有意义生活"的存在概念扩展，作为"对在其整体中存在者之可回溯性（Rückleitbarkeit）追问"的先验问题，才没有使自身上升到一种主体性的呢？事实上，要求先验之现象学方式的全部困难就暴露在这个疑难（Aporie）中。我们所寻求的仅仅是给出一种指示。我们不能要求超越存在的东西，我们的思考、我们的行动（handelnd），都是在我们所有的行为（Verhalten）中与存在者相关的：这是我们作为人受到的打击中，最强大和看起来无法解决的禁令。现象学将人类的存在约束性（Seinsgebanntheit）变成了一个动机引发的问题，而它在这里是完全不可能讨论的。我们可以打破存在观念的禁锢吗？我们可以抽身在外吗？可否保持自身于远离存在之处？这个假设在思想的基本运动中是大胆的，而现象学称之为"还原"。这种先验的还原是现象学中最常被误解的问题。但这种误解来自于人的本性自身，它是一种暴力（Gewalt）的标志，在此暴力中，存在禁令（Seinsbann）支配着我们所有人。

　　现象学还原试图通过洞察人类对存在的麻木性（Benommenheit），将其看作一种对存在之有效性（Geltunghalten）持续和不变的认可，来打破存在观念的约束。这种"有效的保持"（Ingeltunghalten）是意向的成就，在其中人类总是让自己作为面对对象的（gegenständlich begegnende）存在，并且首先是众多存在者中的一个。现在，现象学还原是作为对一般存在者之有效性保持的普遍修正而开始的。对象及其自身有效性落入了悬搁当中，（悬搁）并不是说要终止它们，而是说让哲学家——只要进行了哲学活动的人——不参与它们之中，不只是简单地生活在对它们的执行里，而是让这种执行、这种朴素的生活自身成为问题。因此，它导向了对一种迄今未知的主体性之发现，它不是在自身有效性中设定和生效的，而是一种被掩盖的（东西），但正是它让有效性产生（die Geltungen entspringenlassende ist）。因此，那种实存的（ontische）主体性，普通意义上的人，根本不是本己本质的主体。因为这正是被隐藏的、在存在之约束性的视野中所无法达到的内容：活的精神，或者用现象学说法——先验的主体性。现在这个说法向现象学的先验问题抛来了一束光——尽管还比较微弱。

存在问题是根据对存在的预备性规定，被设计为对存在之一种直白疑问的。这样的一种疑问只能通过打破活动空间（Spielraum）来获得方向，在这个空间中，存在被设计成一个理解—视域（Verständnis-Horizont），而这个视域超越了所有属于存在、保留在存在中的视域。这个活动空间应该是由存在和真、存在和人类本质的先验关联所构成。如果现象学如其仅有的宣言那样，并未把人的本质放置在其主体性的存在中、而认为它在存在论上是无法达到的，并且只能通过突破存在禁令而把握，那么也许它是非实存的（nichtseiende），但正是这个非实存的人类本质是先验的存在基础，他的整个存在因此而可以理解，也就是说，能以某种方式推导出来。

现象学把从先验存在基础中持续推导、得出实存（存在者）的大问题，叫作构成问题。

现象学中经由存在与真之关联的先验问题而经历的根本方法转变，可以用以下公式表达：在康德那里，先验问题导向的是对存在论的一种新奠基，而在现象学中，这个问题变成了对存在的推导，换言之，一门本体的（ontogonische）形而上学。

就以下几点而言，现象学的问题也是先验地提问的：1. 对存在的质问，必然显现出目前未知的人类本质；2. 对真正主体性的解释，必然包含在其构成中的存在者整体；3. 人是实存于世界中的概念，因为在他的生命深处，发生着世界创造（Weltschöpfung）。

这是对现象学哲学问题方法的描述。但这样一种表达的目的何在？如果说勾勒出一种可能哲学的观念，但不能使我们进入这种哲学，那么它是否有用？仅仅阐明哲学问题—方法的空洞普遍性，这既不好也不坏。当由工作而来，并为了工作而执行思义的功能时，它有时是必要的。但如果它只是站在工作面前而停止，使自己免于真正地进入哲学、而只是谈论所谓的"哲学观点"，那它就是多余的。

如果对于问题仅有的方法，是在这里以一种空洞的普遍性被提出、在一种从想法到现实的热情中被提出，那么问题就恰好是在其中发生——因为正是这个提问、这个对所有存在的疑问本身触及了根源——一些在我们生存中本质的东西：现象学哲学主张在人生命的深处揭示出创造世界的力量，这是否说得通；一门本体的形而上学，究竟是一次思辨理性之伊卡洛斯式的飞行，还是一种科学工作的可能性：在先验问题的提问中——无论它失败还是成功完成——人类都把握着自身，给生命赋予自己的力量（Selbstbemächtigung）。

参考文献

Hegel, W. F. , 1927, *Sämtliche Werke*, Jubiläumsausg, Stuttgart：Glockner.

Kant, I. , 1911, *Kritik der reinen Vernunft*, in *Kants Gesammelte Schriften*, Band Ⅲ - Ⅳ, Berlin：Königlich Preußischen Akademie der Wissenschaften.

——, 1965, *Prolegomena*, Hamburg：Vorländer.

语义学/语用学的分界是否可能？

——对 Stotts 非心智/心智策略的考察*

贺宇峥（HE Yuzheng）**

摘要： 语义学与语用学的分界一直以来被视作当代语言哲学步入"语用学转向"的核心内容，但近来这一分界可能受到"无意义派"的挑战。为了应对这种挑战，Stotts 改良了前人的方法，提出了"非心智/心智"（Non-mental/Mental）策略，这种策略以语境中的非心智要素与心智要素作为类别（kind）为语义学与语用学划定了明晰的界限，一言以蔽之，即"非心智的是语义的，心智的是语用的"。经过我们的考察发现，该策略在一些极端的情况下可能会不精确，由此，我们还需把对"言者的普遍意向与特定意向"和"听者对言者意向推断的真假"的考虑纳入到该策略中。经过详尽的论证，"非心智/心智"策略是简明、严谨而有效的，这也回证了语义学/语用学分界的必要性和可行性。

关键词： 语义学；语用学；心智的；非心智的；意向；交际

---

* 本文于 2020 年 11 月 7 日受邀参加中山大学主办的"中华全国外国哲学史学会和中国现代外国哲学学会 2020 年年会"。特此致谢北京大学哲学系宗教学系教授、国际哲学学院院士陈波对本文提出的修改意见。

** 贺宇峥，中共陕西省委党校（陕西行政学院）（HE Yuzheng, Department of Philosophy, Party School of Shaanxi Provincial Committee of CPC, Xi'an, China）。

Is The Distinction of Semantic/Pragmatic Possible:

An Investigation of Stotts' Non-mental/Mental Strategy

Abstract：The distinction between semantics and pragmatics has always been regarded as the core content of the contemporary philosophy of language stepping into the "pragmatic turn", but recently, it may be challenged by the "meaningless faction". In order to face this challenge, Stotts improved the previous methods and proposed a distinctive strategy based on the premise of non-mental phenomenon and mental phenomenon. This strategy takes mind as a category to draw a clear boundary, that is, non-mental is semantic, and mental is pragmatic. After detailed argumentation, although some of the details need further consideration, such as "general intention and specific intention" and "the truth or falseness of the listener's inference of the speaker's intention", may lead to a conclusion contrary to Stotts, but it can not be denied that the non-mental/mental strategy is concise, rigorous and effective, which also proves the necessity and feasibility of semantic/pragmatic distinction.

Key words：semantic；pragmatic；mental；non-mental；intention；communication

分析哲学晚近时期，由维特根斯坦《哲学研究》的出版，极大地改变了这一思潮的走向，其首要特点就是整体上从人工语言转向了日常语言。而作为分析哲学源流之旁支的语言哲学，自 Grice 提出 What is said 策略（strategy）之后（Grice，1989：211 – 223），开始普遍关注话语中的语境（context）和意向（intention），逐渐形成了语言哲学的"语用学转向"，与此同时，Grice 的工作也奠基了当代语义学/语用学的分界。

语义学/语用学分界的关键有两个。其一，是否可以分界；其二，如何进行分界。自"语用学转向"以来，学界在这两个问题上进行了多次交锋，在第一个问题上，我们可将其分为"无意义派"和"有意义派"。"无意义派"对语义学/语用学的分界持消极态度，比如这几种说法："时光如箭，我逐渐失去了划分语义学与语用学界限的信心，甚至我都不知道在寻找些什么。结果是，就像童年时期的信仰一样，并不是放弃，而是从某种意义上讲逐渐消失，从某种意义上说，人们不再能够看到为什么这个问题如此重要了。"（Dever，2013：104 - 144）"根本没有语义/语用上的区别，寻找它简直是浪费时间。这种区别不会做出任何重要的解释性工作……最好的解决方案是让我们所有人都决定不再使用这些可怕的单词。"（Cappelen，2007：3 - 24）总而言之，持这些看法的学者把语义学和语用学的分界看作是一种过时、幼稚和浪费时间的无意义的工作。

与此相反，"有意义派"可分为"界面观""融合观"和"分界观"①。"界面观"认为，语义学和语用学既有各自的研究领域、方法和对象，二者又可各自相互补充；"融合观"以持默认语义观的学者 Jaszczolt 为代表，主张意义是动态的统一体，以之为研究对象的语义学/语用学应当走向"融合"（merger）或"互动"（interaction）；（Jaszczolt，2007：41 - 46）而作为"有意义派"中最尖锐的"分界观"认为，必须给语用学/语义学明晰地划开界限，二者需泾渭分明，比如，Bach 对"界面观"做出批评："界面"乃是一种误导，语义学与语用学分工明确，不存在界面问题。（Bach，2007：22 - 44）Stotts 与 Bach 同持"分界观"，剑锋直指"无意义派"并表示担忧：如果认为这种区分无意义，长此以往，便会消解掉这两种术语。（Stotts，2018：185 - 208）为了防止这种趋势，必须将语义/语用分界，以此，他提出了一种分界策略，即"非心智/心智（Non-mental/Mental）策略"②，这种策略批判继承了前人的工作，包括

---

① 学界语义学/语用学相关派别之概述成果丰硕，如见伍思静 & 刘龙根（2012），伍思静 & 张荆欣（2018）。本文不在乎于梳理流派，所以只作简单概括。

② 学界对"mental"一词的译法很混乱，甚至于在同一篇文章中出现了"心理的""心智的"和"心灵的"三种译法。必须强调的是，mental 必须译为"心灵的"或"心智的"，不可译为"心理的"，原因包括但不限于以下几点：其一，"心理的"有其对应的"psychological"；其二，"mental"一词正是作为分析哲学旁支的当代心灵哲学与语言哲学中的"心灵的"或"心智的"对应词，而他们一开始就是反心理主义（anti-psychology）的；其三，与"mental"（心智的）相关的是"mentalism"，即"心智主义"，比如乔姆斯基的心智主义。此外，尽管当代语言哲学的确与心理学有一定融合并产生了一些新兴学科，如心理语言学（Psycholingushtics），但这是另外一回事。此处特别致谢庄振华老师（陕西师范大学）的建议。

Grice 的显白/隐含①（What is said/What is implicated）的分界策略，Montague 提出的"基于语境的严格分界策略"（Montague，1974：95 - 118），以及 King 和 Stanley 提出的"基于语境的温和分界策略"（King&Stanley，2005：111 - 164）。② 本文主要通过介绍 Stotts 的工作以说明分界语义/语用的必要性和可行性，并在此基础上进一步考察和探究，以使得该策略更为坚实有力。

一　Stotts 对前人的工作的批评与继承

（一）Grice 与 What is said 策略

Grice 的策略是，显白（字面意思）即语义的，隐含即语用的。比如，一封研究生的入学推荐信上的内容：

> 安妮说一口流利的英语，而且总是很守时。

这句话的显白显然是描述了安妮的两个优点，而隐含的内容则并未在话语的字面意义中呈现出来，即"安妮没有研究生入学资格"。这样，我们基于该策略，似乎就完成了语义和语用的分界，但该策略要面临一个问题，即著名的"Grice 循环"（Levinson，2000：172 - 198）。我们知道，为了推断出某句话的隐含，就必须先理解这句话的显白。Levinson 提出，当我们想要理解某句话的显白时，这看起来跟弄清楚隐含没什么区别——这就无异于兜圈子，换言之，我们无法准确地区分，对一句话的理解什么时候是基于显白，什么时候是基于隐含。比如，当我问朋友今天做的早餐是否够吃时，她说："我吃过早饭了。"我知道将此理解为"她一生中至少吃过一次早饭"是一种非常不友好和不配合的，所以，我只好理解为"她在今天早上确实吃过早饭了"。因此，显白似乎同时决定了隐含，又被隐含所决定。Stotts 认为，Grice 的策略对于言内之意与言外之意的区分不敏感，

---

① 学界大都将"what is said"和"what is implicated"译为"所言"与"所含"，虽大体符合其原意，但不能体现出"显""隐"之别，故本文将二者分别译为"显白"与"隐含"。

② 后文将"基于语境的严格分界策略"和"基于语境的温和分界策略"分别简称为"严格策略"和"温和策略"。

所以它不适合成为一套理论，但这也因此表明，语义学和语用学的分界是必要且重要的。

（二）基于语境的严格分界策略与温和分界策略

严格策略与温和策略都是以语境为基点来探讨的（实际上 What is said 策略也基于语境），但语境与语义内容的关联形式不同。

在严格策略中，一个复杂句中的语义内容由两个要素（elements）所决定：

（1）该复杂句中包括的几个简单句的无关语境的意义（the context-independent meaning of the simple expressions it contains）。

（2）以句子的句法形式编译的构成规则（the compositional rules encoded in the sentence's syntactic form）。①

比如，"今天是星期四"这句话中的"今天"就是一个语义问题（semantic matter），而"2020 年 7 月 31 日"则是语用问题，因为"2020 年 7 月 31 日"这个内容不满足"今天是星期四"这句话中的上述两个语义要素。② 严格策略的缺陷是：过度限制（缩小）了语义范围。"今天"与"2020 年 7 月 31 日"的不同之处在于，在不同的语境中，"今天"的指称对象确实指的是不同的日子，但最关键的是，在"今天"的情况下，言者并不比"7 月 31 日"的情况更能决定"今天"指的是哪一天，而由这两个词的普遍规则（universal rules）决定，亦即某个语言共同体的语言使用规则，也就是说，无论言者打算如何，这个表达都指同一个特定的日子。

与严格策略不同，在温和策略中，一个表达的语义内容不仅包括与严格策略中的（1）无关语境意义和（2）构成规则，还包括：

（3）编译（encode）为无关语境意义的语境要素

在这种策略中，在"2020 年 7 月 31 日"所说的"今天"指的是

---

① 后文分别简称为"无关语境意义"和"构成规则"。

② 也就是说，在"今天是星期四中"这句话中，如果按照其语义要素（1）和（2），就无法得出"2020 年 7 月 31 日"这一内容，从而将"2020 年 7 月 31 日"划分为语用事实。

"2020 年 7 月 31 日"这一事实，从而就是一个语义内容，因为作为语境部分的"2020 年 7 月 31 日"可被编译进"今天"的意义中。

温和策略虽然避免了过度限制语义的问题，但是也有它的缺陷。如前所述，按照严格策略，语义事实（facts）和语用事实之间的差异是类别（kind）上的差异，即语义事实只与无关语境的意义和构成规则有关，而语用事实与语境要素有关，语义学与语用学之间有明确的分界及其依据。然而，在温和策略中，某些语义事实部分地由语境要素决定，正如语用事实一样，因此，温和策略的分界是模糊的，因为它并没有给出一种语境要素编译（转化）为无关语境意义的根据和方法。

（三）新策略的三个条件

综上，我们可以看到，三种方法都是有缺陷的，Stotts 根据这些缺陷总结出了三个条件，只要满足了这三个条件，一种新的策略就是科学、有效的，它们分别是：

（1）避免兜圈子；
（2）不要过度限制语义；
（3）根据类别以达到明晰的分界。

这一节的内容我们可以表 1 来加以清楚地说明语义/语用分界的三种基本要素及其对应的三种策略的关联情况：

表 1　　　　　　　　　三种要素与其对应的三种策略的关联情况

三种要素	Grice 策略	严格策略	温和策略
无关语境意义	无	语义的	语义的
构成规则	无	语义的	语义的
语境要素	无	语用的	语义的与语用的
旧策略的缺陷	兜圈子	过度限制语义	缺乏根据
新策略的条件	避免兜圈子	不要过度限制语义	有根据和明晰地分界

二 非心智/心智策略

由此观之，只要非心智/心智策略满足了上述三个条件，就可以说它是合理、有效的。何为非心智/心智策略？又该如何完成语义/语用的分界？如前文所述，语境是划分语义学/语用学的关键，但由于语境要素的编译缺乏根据（体现在温和策略中），导致无法清晰划界，故，与 Bach 对宽式语境与窄式语境的划分（Bach，1997：33 – 50）类似，Stotts 将语境（宽式语境）① 分为两方面，一方面是语境中的非心智要素，比如话语发生的时、地与物及其关系等，非心智的就是语义的；另一方面是心智要素，包括言者的心智状态（mental states）与听者对其之推断（inferences），心智的就是语用的。

非心智事实由以下三点构成：

（1）无关语境的意义；

（2）构成规则；

（3）语境中的非心智要素（且必须可被编译为无关语境的意义）。

其中，（3）是必不可少的——我们不用说话也可以通过语境中的非心智要素获得信息。比如，我注意到桌上有两杯水（非心智要素中的时、地、物），便知道我谈话的对象所处的房间还有其他人。

（一）语义层面对该策略的确证
只要以下三点都可以证明是非心智的，那么该策略就是可行的。

（1）无关语境的意义必须是非心智的。

没有人可以否认语境中的"非心智要素"（例如时间和地点）是非心智的，但是对于"无关语境的意义是非心智的"这一说法却可能存疑，比如这样一种解释：无关语境的意义中也包括语言使用者的意向（intention）

---

① 宽式语境也称"广义语境"，关于广义语境与狭义语境的区分参见沈阳（2005：254）。

和信念（belief）。如下面这句话：

> 我今天演讲的主题是语义学/语用学的分界。

Stotts 坦然承认了这一点：语言使用者对无关语境的表达意义的认识的一部分是心智的（意向和信念）。但是，这只是他们自身对于话语意义的认识，放在群体中，听这句话的人根本无法知道这一点（这意味着在语义层面，实质上还是非心智的）。比如，我把这句话解释为，当我在说"演讲的主题"的时候，我其实是想撒个谎，以说明"我演讲的主题"作为无关语境的意义具有心智要素，因为里面蕴含了我想撒谎的意向，但个人的这种认识无法构成共识，所以，这与我们的策略是不矛盾的。

（2）构成规则必须是非心智的。

这一点并不否认使用构成规则的语言使用者的内在能力。

（3）语境的非心智要素，且必须可被编译为（1）。

"桌上有水"的例子很好地说明了这一点。

所以，我们可以将语义现象的三个要素概括为：复杂话语的语义内容是由无关语境的意义、句法的构成规则和语境中的非心智要素构成的（其作用是编译为无关语境的意义）。语义内容都是非心智的，因而我们的策略（非心智的是语义的）是有效的。

（二）语用层面对该理论的确证

Stotts 给出了一种原则，来确定哪些心智现象确实在语用中起作用，即：话语（utterance）作为根本线索（essential clue）。由此原则便可得出，言者以话语为根本线索意向让听者去揭示其心智状态显然是语用的，因为话语是从心智状态中继承了语用内容。不仅如此，言者意向将听者以话语作为根本线索来对其做出某些精确推断的意向也显然在确定语用内容方面也起着作用，这种意向通常是复杂的，也就是说，言者通常会对听者应该在话语之外的特定线索有辅助意向（subsidiary intentions），以便得出关于言者心智状态的内容的预期推断。这里需要强调的是，在语用层面起作用的是言者的意向，这种意向是听者使用语境中的某些（可能是非心智的）要素作为线索，而不仅仅是语境自身的要素。①

在语用学层面，言者的一方与决定（determine）语用内容的要素有关，而听者一方则与发现语用内容的过程有关。具体而言，听者对言者心智状态内容的推断以话语为根本线索进入语用层面，若此完成，这也就让交际（communication）得以成功了。反之，如果没有这一限定条件，即听者的推理必须以话语为基本线索才能在语用学中发挥作用，我们将允许听者进行"语用推理"（pragmatics inferences），但这种推理只是一种关于心智状态的侦查工作（detective work），而不是交际过程的一部分。例如，如果我注意到朋友家门口有一个手提箱，并推断出他打算去旅行，在这个例子我们可以看出，我对他心智状态内容的推断与交际过程毫无关系。另一方面，如果我的朋友说："我要离开这里一段时间"，我可能会发现与前一种情况相似的意向，但这一次却是以一种依赖于话语的方式进行的，这使它成为一个交际的例子，而不仅仅是关于心智状态的侦查工作。

由此，我们便可做出结论。语义现象的构成要素分别是：无关语境的意义、构成规则以及非心智要素的语境内容——起到可编译进无关语境的意义作用。而语用现象可分为两个部分。首先，是言者的部分。言者的心智状态主要表现在语用方面：

（1）言者意向听者以话语为根本线索来揭示其心智状态。

（2）言者的意向，即听者应该得出什么样的、关于其心智意向的推断，这种推断以话语为基本线索。

（3）言者的辅助意向（subsidiary intentions），即听者在做出这些推断时应该利用话语之外的线索。

其次，是听者的部分：

---

① 只有意向才是语用层面起作用的条件，虽然这种意向是通过听言者的一些非心智的语境要素得以表达（如时、地、物及其关系），虽然没有说话，但实质上这些非心智的语境要素也作为线索以达到"言者创造听者推断其意向条件的意向"和"听者获得推断言者意向的条件"之作用。

（4）听者对言者心智状态内容的推断以话语为基本线索进入语用层面。

分别对语义层面和语用层面进行确证，不难发现，非心智/心智策略满足了避免兜圈子、不要过度限制语义和根据类别加以明晰分界的三个前提条件。

三　Stotts 对于该理论的三种质疑的应对

（一）对指称与语义的过度限制的回应

在一个艺术品展览馆中，有人说"That is beautiful"，我们很自然地认为，至少有一部分是她①的指称意向（referential intention）决定了他说出"that"，也就是说，她挑选一件特定艺术品的意向，但是，对比我们前面一直讲到的"今天"和"7 月 31 日"的例子，这里并没有显示出一种"普遍规则"，但许多人都认为这个指示词"that"是一种语义问题②。这似乎说明指称由意向决定，但这与非心智/心智区分法是不相容的（没有任何心智现象是语义的）。另外，如果让语境要素中的心智要素的部分编译为无关语境的意义，这也无法与非心智/心智策略达成一致。综上，非心智/心智策略可能面对着一种新型的过度限制语义的问题。

Stotts 根据对"Gauker 标准"（Gauker，2008：359 – 371）的改造，便可确定：一个标记指示词（token demonstrative）的指称不取决于言者的意向（或任何其他心智现象），这将表明，在不破坏非心智/心智方法的情况下，可以将陈述的指示词的引用归为语义学的，从而化解了这种挑战，这套标准有以下六条：

（1）对于听者感觉的因果联系：该对象可以对听者的感官起作用，亦即是一种听者能感知到的东西；

---

①　Stotts 文中此处为"her"，西方由于女权主义盛行，导致第三人称都用"她"，这是一种新的约定俗成。

②　Kripke（1977），Kaplan（1989），Bach（1992），Akerman（2009）。

（2）先前指称（prior reference）：对象已在对话之前被指称过，这种先前指称必定是语义的，而不是语用的；

（3）相关性：此对象与最近的行为或话语的语用特征紧密相关。是一个因果性、相似性问题，而不属于对话者的心智活动；

（4）与话语的语义兼容：比如，艺术品展厅角落里的一个垃圾箱，不是"that"要指称的一个好的备选对象；

（5）指向：该对象相交于言者手势指向的那条直线；

（6）在一个系列中的定位：如果言者和听者处于一系列展示对象的环境中，则该系列中的下一个对象成为指称的备选。

一个指称对象能满足的标准越多，那么我们说"that"时，就是指这个对象①，根据以上标准的满足程度，就可以确定指称的确是非心智的，也就是语义的，通过这些标准，我们就可以确定指称的对象而排除了心智要素。

（二）对梯级含义与语用的过度限制的回应

人们可能还会担心"非心智/心智策略"过度限制了语用内容。我们通常认为某些交流的内容仅仅是语用的，但听者似乎是在不考虑言者的心智状态的情况下发现的，比如，考虑梯级含义（scalar implicature）。梯级含义是一般会话含义的一种：设一套命题所描述的事物或情景按照某种语义维度被置于语用刻度（pragmatic scale）中，言者通过对刻度上一个成分的命题陈述来传递他关于刻度上其他成分的命题含义（朱永生、蒋勇，2003：1-4）。例如，如果一位老师在某个实地考察中向另一位老师说"有些孩子迷路了"，她似乎隐含并非所有的孩子都迷路了。由于这些含义过于普遍，因此听者可以立即把握它们，而似乎没有考虑言者的心智状态。这表明在梯级含义的情况下，言者可能也不想让听者在揭示隐含的内容时考虑言者的心智状态。因此，似乎非心智/心智区分法无法将梯级含义的内容归类为语用的。这种结果有问题的原因在于，有充分的理由认为

---

① Stotts 也承认这种情况"并不是万无一失"的，论证相当繁复，此处不赘。

梯级含义是语用的：它们是可取消的（cancelable）（Grice，1989：29）。也就是说，老师可以继续说出"此外，所有人都失踪了"，而不会前后矛盾。

Stotts 认为，尽管听者在恢复梯级含义后不必自觉明确地思考言者的心智状态，但我们可以将其视为对言者心智状态的可撤销的（defeasible）的假设（assumption）。由于梯级含义非常普遍，因此我们对言者说出可能产生这种含意的句子时所具有的心智状态有一个固定的假设，同样，由于我们知道当我们说出可能会产生梯级含义的话时，会根据这样的假设进行解释，因此，我们通常只会以这样的方式来说明这样的句子。

因此，非心智/心智策略可以将梯级含义归类为语用的，这就避免了语用范围的过度限制（缩小了语用学的范围）。

（三）对意向优先于语义的回应

约翰到达巴斯克地区，向他的两个东道主（hosts）打招呼，英文发音中，"Nina's John"和巴斯克发音"Ni naiz John"发音极其相似，故而无法区分（"I am John"是巴斯克语对"Ni naiz John"的翻译）。在这种情境下，其中一位东道主会认为，约翰说"尼娜就是约翰"，也许是为了开个玩笑；另一位则认为他说出了"Ni naiz John"，亦即是将自己介绍给巴斯克人。Korta 和 Perry 认为，当我们问约翰说了哪句话时，他的回答似乎在很大程度上是由约翰想做的事情提供的，他在发出声音时的意向是什么，由于 John 发出的声音与"Nina is John"和"Ni naiz John"同等相似，因此似乎需要用 John 的意向来确定他说出的话。（Korta & Perry 2011）

Stotts 的化解办法是，约翰的话语具有"Nina is John"还是介绍自己的"Ni naiz John"意思取决于他所使用这句话的习惯，也就是因果历史关系，并不是他的意向。比如，他受到"尼娜"和"是"的过去话语的影响，他会说"尼娜是约翰"，反过来说，他受到"ni"和"naiz"的过去话语的影响，他会说"Ni naiz John"，这里的关键在于，基于因果关系来说话，显然是非心智的，毋宁说，话语与过去的话语的悠久历史之间的联系并不是任何人的心智状态，而是语言行为的实际事件之间的因果关系链，非心智现象先于语义去决定一句话的语义特征。

综上，Stotts 将看似是心智的先于语义的"意向"化解为非心智的因果历史关系，避免了这一疑难。

四 对该策略的进一步考察和深化

经过严谨的论证，非心智/心智策略的确是简明、明晰和有效的，但在一些复杂的情况下，可能需要进一步强化。

基于语境的严格区分法中，假如我在今天（星期五，7月31日）对一个不知道日期的人说："今天是星期六"，那我的意向显然是在捉弄他，让他误以为今天是周末，听者如果相信了我的话，便会认为"今天"是"星期六，8月1日"，从而被我捉弄。这足够表明，严格区分法是有效的（"今天"是语义的，"8月1日"是语用的），在我们亲知的现实世界中（遑论"某个可能的世界"），"今天是星期六"的"今天"仍可指涉"8月1日"（与实际日期不同），而不是 Stotts 所说的无论怎么样都指涉"一个普遍共识的今天7月31日"。按照 Stotts 的理论，他会这样回答：的确如此，但这里夹杂了意向，所以是心智的，而不是非心智的，所以8月1日不能被编译进语义用法中。

在非心智/心智策略中的言者的语用用法中，Stotts 认为，言者的辅助意向，即"听者根据话语之外（beyond the utterance）的非心智语境要素进行推断"可作为语用用法的条件之一，但在谈及听者部分的时候，却基于一种"成功的交际"，区分了基于话语为根本线索和基于侦查工作（detective work），认为只有基于话语为根本线索，才是语用的，而侦查工作是一种语用推断（pragmatic inference），不能成为沟通的一部分。但是，侦查工作似乎与话语之外的非心智语境要素一样，都是根据一些非心智语境要素（时、地、物等）来进行推断，为何不能成为语用用法的条件之一？

这里其实有两个关键，即"意向"和"交际"。言者的辅助意向，是一种让听者能够理解其意向的意向，根据"心智—语用"的确证，一切有意向的都是心智的，心智的都是语用的。但这种情况则不同，这种侦查工作是听者对言者意向的语用推断，我们当然可以说，听者是"有意向"

的，但这并不能进入"交际"的闭环之中（如图1，我们可以把这种交际的闭环称为"交际场域"）只是听者单方面的心智活动。一言以蔽之，若某人没有跟我交际的意向，或者说跟我不在一个交际场域之中，我就算是其肚子里的蛔虫，能知晓他的一切行为，也只是我的单方面行动，就无所谓语用不语用。

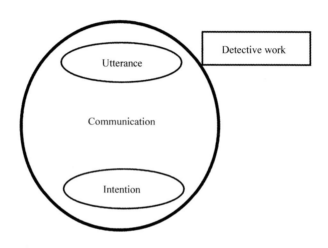

图1　"交际场域"与"侦查工作"的关系

可见，非心智/心智策略是经得起考量的，但问题的关键还在于：我们必须考虑听者推断的真假。若听者没有推断出言者的意向，那么"今天是星期六"是语义的，还是语用的？按照 Stotts 的理论，听者根据话语来对言者的意向进行推断，是语用的。但是并未在文中讨论听者误解了言者的意向时，会是什么样的情况。可能这种情况已经包含在 Stotts 的讨论中——就算听者误解了言者的意向，那么依然是语用的。

那我们继续考虑这样一种情况。讲台上有一个人说"今天是星期六"的时候（对所有人说，但不与特定的人说），如果他记错了时间，这时，对于这句话的发生而言，显然是非心智的（没有意向），但是，听者以此推断出了言者的"意向"而认定说话的人在骗他！在这种情况下，这句话是语义的，还是语用的？根据 Stotts 的理论，是语义的（非心智的），但却起到了语用的效果，而 Stotts 也似乎想把这种情况纳入语用范围中。

在这种情况下，似乎会有一些不精确，本文试图在对以上情况的讨论中抽丝剥茧地进一步讨论，可分为两个方面。

（一）言者的普遍意向与特定意向

我们需要区分两种情况，即言者的"普遍（一般）意向对象"（the objects of general intention）与"特定意向对象"（the objects of specific intention）。普遍意向是言者对普遍对象的意向，特定对象是言者对特定对象的意向。我们可以假设一种符合上述情景的情况，比如在奥巴马的一场竞选演讲中，他对所有人传达的"今天是星期六"显然是想让听众都知道今天是星期几，符合 Stotts 的非心智层面的三条原则，因而是语义的，这一种意向是普遍意向。但假设奥巴马说这句话不仅包含这种语义用法，还可能包含语用用法，比如同样是这句话对人群中的一个人或几个人而言，有特定的意向和用法，可以由语境中的心智要素（比如他们之前约定好，当奥巴马说今天是星期几时）推断出奥巴马的言外之意，从而带头鼓掌，这体现出言者的特定意向。普遍意向和特定意向都满足 Stotts 策略中的"交际场域"，而且在该场域中，也同时包含了意向与话语这两个关键要素，但经过二者的区分，我们就可以更明晰地区分语义的与语用的，其关键在于，普遍意向中的意向并没有指涉某个或多个特定对象。

在这样的情况下，如果奥巴马记错了今天的日期，那么相对于听者来说，无论是普遍意向对象（群众）还是特定意向对象（个别人），就要更进一步来考虑。一方面，对于群众来说，他们推断出了"奥巴马记错了日期"这一事实，看似无法被编译为无关语境的意义，从而是语用的，实则不然，原因是，对于奥巴马来说，根本没有意向让群众推断出"他记错时间"这个意向，只是在描述"今天是星期几"这一语义事实；另一方面，对于特定意向对象的个别人来说，就会涉及更深一步的讨论当中，即听者的推断真假问题。

（二）听者对言者意向推断的真假

我们知道，在四（一）的讨论中，如果不考虑作为普遍意向对象的群众也像奥巴马一样记错了日期，从而导致更为复杂的讨论发生①，那我们已经可以清楚地知晓，这种情况的确是语义的。但涉及特定意向对象时，情况则不同，在这种情况下，"今天是星期六"这句话就无所谓语用还是语义。我们可以假设这几种可能，奥巴马与他的特定意向对象约定好在他说出"今天是星期几"的情况下带头鼓掌，从而引发群众效应，但由于奥巴马记错了日期，在本该是星期五的时候说了"今天是星期六"，那么他的特定意向对象必定会发生以下两种可能的推断：其一，他们认为是奥巴马故意说了一句荒谬的话提示他们不要鼓掌；其二，他们开始认为奥巴马的意向是让他们不鼓掌，但根据语境中的其他非心智要素（比如说话时的情绪和状态等）可辅助推断出奥巴马的真实意向，所以最后选择鼓掌。通过这两种可能发生的情景，我们可以看到，如果听者对言者的意向推断为假，则无所谓语用不语用。如果推断为真，那么则可将其归入语用层面，虽然话语作为根本线索无法直接推断出言者的意向，但还可根据语境中的其他非心智要素推断而来②，同样，这些非心智要素无法脱离话语，只是作为辅助，而话语依然是第一位的。反之，如果推断为假，则无法构成交际闭环，就不能说是语用的。

所以我们可以得出结论：听者对言者意向的真实推断以话语为根本线索进入语用层面，语境中的非心智要素也可作为推断的辅助而编译为语用内容。

不过这样一来，在语用内容的听者层面，非心智要素便夹杂在了语用内容之中，似乎与 Stotts 的原则相悖。不过，我们的用意显然不在于"抬杠"式的对话，而在于使得一种理论更具有力量，而更能经得起检验，同时，也不妨碍 Stotts 提出相应的化解之法。

---

① 事实上，本文不认为这种讨论是有意义的，应该用"奥卡姆剃刀"将其剔除掉。

② 在 Stotts 的论证中，将话语之外的其他要素称作侦查工作，这仅是"交际场域"的外围行为，而话语本身则作为语用事实中的根本线索，也就是说，没说话就无所谓语用不语用。而在我们的补充论证中，我们确实使用了某些类似于侦查工作的活动，话语作为交际中语用事实的根本线索依然存在且有效，因为听者对夹杂了奥巴马的错记时间的前提下的"今天是星期六"这句话的推断确实包含在了全部推断过程中，但我们也可借助其他语境中的非心智要素，比如奥巴马演讲时的情绪或状态，将此作为辅助推断出奥巴马的意向。

五　结语

经过我们在极端情况下的精细考察，我们可以看到 Stotts 的非心智/心智策略的可行性是毋庸置疑的，大体上具有普遍性，只是在某些极端的情况下需要进一步讨论而已。语义学/语用学的区分是必要的，这不但体现在语言哲学和语言学的学理上，且也体现在实践生活中，尤其对于交谈双方的言行的严谨性要求或约束，可起到重要作用，同样，如果表达不具备严谨性，从而产生含混与误解（还觉得理所应当），是非常不负责任的行为。如果有人反驳说，语言必然无法保持绝对没有误解，这依然是不负责任的，这就好比说生活中善的东西很少，就否认有"善"以及应该"向善"一样。总之，非心智/心智策略为当代语义学/语用学分界的进路提供了可行的指南，我们可以沿着这条道路一直行进。

参考文献

Akerman，J. , 2009, "A plea for Pragmatics", *Synthese*, 2009, 170 (1), pp. 155 – 167.

Bach，K. , 1992, "Intentions and Demonstrations", *Analysis*, 1992, 52 (3), pp. 140 – 146.

Bach，K. , 1997, "The Semantics-pragmatics Distinction: What It is and Why It Matters", *Pragmatik*, 1997, pp. 33 – 50.

Bach，K. , 2007, "Regressions in Pragmatics (and semantics)", Burton Roberts, Noël (ed.), *Advancesin Pragmatics*, England: Palgrave Macmillan, , pp. 22 – 44.

Cappelen，H. , 2007, "Semantics and Pragmatics: Some Central Issues", G. Preyer & G. Peter (eds.), *Context-sensitivity and Semantic minimalism: New Essays on Semantics and Pragmatics*, Oxford: Oxford University Press.

Dever，J. , 2013, "The Revenge of the Semantics-pragmatics Distinction", *Philosophical Perspectives*, pp. 104 – 144.

Gauker，C. , 2008, "Zero Tolerance for Pragmatics", *Synthese*, 165 (3), pp. 359 – 371.

Grice，P. , 1989, *Studies in the Way of Words*, Cambridge: Harvard University Press.

Jaszczolt，K. , 2007, "Theory of Default Semantics", *Pragmatics & Cognition*, 15 (1), pp. 41 – 46.

Kaplan，D. , 1989, "After thoughts", J. Almog, J. Perry, & H. Wettstein (eds.), *Themes from Kaplan*, New York: Oxford University Press, pp. 565 – 614.

King, J. C. , & Stanley, J. , 2005, "Semantics, Pragmatics, and the Role of Semantic Content", Z. G. Szabó（ed.）, *Semantics versus Pragmatics*, Oxford：Oxford University Press, pp. 111 – 164.

Korta, K. , & Perry, J. , 2011, *Critical Pragmatics：An Inquiry into Reference and Communication*, New York：Cambridge University Press.

Kripke, S. , 1977, "Speaker's Reference and Semantic Reference", *Midwest Studiesin Philosophy*, 2 （1）, pp. 255 – 276.

Levinson, S. , 2000, *Presumptive Meanings：The Theory of Generalized Conversational Implicature*, Cambridge：MIT Press.

Montague, R. , 1974, "Pragmatics", R. Thomason（ed.）, *Formal Philosophy：Selected Papers of Richard Montague*, New Haven：Yale University Press, pp. 95 – 118.

Stotts, M. , 2018, "Toward a Sharp Semantics/Pragmatics Distinction", *Synthese*, 197（1）, pp. 185 – 208.

沈阳：《语言学常识十五讲》，北京大学出版社 2005 年版。

伍思静、张荆欣：《再论语义学/语用学界面之争》，《外语学刊》2018 年第 3 期。

伍思静、刘龙根：《语义学/语用学"界面"说——误导抑或启迪?》，《中国外语》2012 年第 4 期。

朱永生、蒋勇：《特别概念与梯级含义的关系》，《外语与外语教学》2003 年第 3 期。

塞拉斯是概念论者吗?

——从知觉经验的概念内容与非概念内容之争来看

袁菜琼 (YUAN Caiqiong)*

摘要: 概念论与非概念论是分析哲学中最具争议性的主题之一,它激起研究者们的极大热情和广泛兴趣。"左翼"塞拉斯与"右翼"塞拉斯在知觉经验具有概念内容还是非概念内容的问题上产生了根本分歧。尤其以麦克道威尔为代表的"左翼"塞拉斯将塞拉斯解读为概念论者,而忽视其思想中非概念内容这一部分。相反,一部分研究者开始注意到塞拉斯思想中的非概念内容,并为其进行积极地辩护。通过仔细分析塞拉斯相关文本可知,塞拉斯的知觉经验包括感觉印象和知觉思维两个层面,在感觉印象层面上,知觉经验具有非概念内容;在思想层面上,知觉经验具有概念性内容。这两个维度的区分与自然的逻辑空间和理由的逻辑空间的划分密切相关,只有看到知觉经验所具有的双重成分,才能公平地对待塞拉斯思想中知觉经验的概念内容和非概念内容。

关键词: 塞拉斯;概念内容;非概念内容;知觉经验;内在片段

---

* 袁菜琼,海南大学马克思主义学院讲师 (YUAN Caiqiong, Lecturer, School of Marxism, Hainan University, Haikou, China, research areas: Anglo-American Analytical Philosophy, Email: 599490007 @ qq. com)。

Is Sellars a Conceptualist?

From the Debate between Conceptual Content and Nonconceptual Content of Perceptual Experience

Abstract：Conceptualism and non-conceptualism are the most controversial topics in analytic philosophy，which have aroused great enthusiasm and broad interest among researchers. There is a fundamental diverge between left-wing and right-wing Sellarsians whether experience has conceptual content or non-conceptual content. Especially，the left-wing Sellarsians represented by McDowell interpreted sellars as a conceptualist and ignored the non-conceptual content of his thoughts. On the contrary，some researchers began to notice the non-conceptual content of sellars'thought and actively defend it. By carefully analyzing the relevant texts of sellars，we can find that perceptual experience involves two-component that sensory impressions and perceptual thinking. At the level of sensory impression，perceptual experience has non-conceptual content. On the thought aspect，perceptual experience has conceptual content，and these two dimensions are closely related to the logical space of nature and the logical space of reason. Only by noticing the dual components of perceptual experience can we fairly treat the conceptual content and non-conceptual content of the perceptual experience in sellars' thought.

Key words：sellars；conceptual content；nonconceptual content；perceptual experience；inner episode

"知觉经验"在塞拉斯思想中是一个非常重要的概念。在《经验主义与心灵哲学》《科学与形而上学》和《认知的结构》等著作中，塞拉斯都积极为其进行论证和辩护。在《经验主义与心灵哲学》中，塞拉斯将内在片段分为"思想"和"感觉印象"，它们是经验的两个组成部分。在《认知的结构》中，他将认知的结构划分为感知和心灵，知觉经验包含着感觉成分和思想成分。基于这一区分，"左翼"塞拉斯和"右翼"塞拉斯围绕着知觉经验的概念内容和非概念内容展开争论。麦克道威尔将塞拉斯解读为概念论者，主张知觉经验是彻底概念化的，这样的做法忽视了塞拉斯思想中知觉经验的非概念性内容。"麦克道尔想要拒绝塞拉斯关于经验的两种构成成分的观点，而赞成把经验看成是单一的。"① 关于知觉经验具有概念内容还是非概念内容的争论，似乎在塞拉斯的文本中都能找到相应的文本依据。麦克道威尔将塞拉斯解读为概念论者是否合适？塞拉斯又如何来诊断知觉经验的概念内容与非概念内容？自然的逻辑空间中以非概念方式呈现的感觉经验如何成为具有规范性的认知事实？这些问题是本文探究的重点。

一 知觉经验的概念内容和非概念内容之争

在当代心灵哲学中，知觉经验具有概念内容还是非概念内容的议题引发概念论者和非概念论者的激烈争论。双方争论的关键在于，知觉经验的内容与概念之间的关系问题。更为确切地说，概念能力是否直接渗透到感觉经验之中，还是在形成知觉判断时才发挥作用。非概念论问题最早由埃文斯（Gareth Evans）提出，他指出，"主体通过知觉获得的信息状态是非概念性的，或者是非概念化的"②。埃文斯承认未经概念化的信息状态（或非概念化的经验）是一种在先存在的东西，它是我们形成判断或进行概念化的基础和前提，关于世界的知识就是对经验进行概念化后得到的，"当我们在经验的基础上形成判断时，我们就从非概念性内容转移到概念性内容了"③。皮考克（Christopher Peacocke）、泰伊（Micheal Tye）和艾尔斯（Micheael Ayers）等也是非概念论的典型代表。他们认为知觉经验是"意

---

① deVries（2011：55）.
② Evans（1982：227）。
③ 麦克道威尔（2009：50-51）。

识主体的一种状态"①。世界在经验的呈现过程中，没有概念和命题性的东西直接参与其中，故知觉经验具有非概念性内容。"关于感觉经验有一个非概念、非命题内容的断言是这样一种断言，即世界呈现在感觉经验中的方式不是准语言的。"② 非概念论者主要从经验内容的丰富性和精细性，人与动物共同的知觉经验等方面来为非概念内容展开辩护。

概念论的主要支持者有麦克道威尔和布鲁尔（Bill Brewer）。在《心灵与世界》中，麦克道威尔认为，"感知经验的内容是概念性的"③ 主体的知觉经验有概念能力的参与和理性的运作。然而，在《避免所予神话》中，麦克道威尔直接质疑并挑战他早期关于"经验具有命题性内容的假定"④。麦克道威尔强调知觉经验是概念性的，理性能力在感觉经验中直接运作，属于理性的概念能力不是在做出知觉判断，而是在经验呈现的过程之中就已经发挥作用，根本没有什么在先的非概念化的信息状态。经验呈现给主体的东西就是概念性的，"经验是世界对我们感官造成的印象，是感受性的产物，但那些印象本身已经具有概念性内容了。知觉经验的内容是概念性的"⑤。

同样，知觉经验具有概念内容还是非概念内容也成了"左翼"塞拉斯和"右翼"塞拉斯争论的主题。"左翼"塞拉斯的主要代表人物有罗蒂（Richard Rorty）、布兰顿（Robert Brandom）和麦克道威尔（John McDowell）。麦克道威尔将塞拉斯视为概念论奠基者之一，承认感觉经验能够为我们提供概念性的内容，"将我们的经验概念视为概念能力在感觉意识中的实现"⑥。"感觉看起来则像空转的惰轮。"⑦ 从概念论的立场出发，麦克道威尔直接把塞拉斯解读为坚定的概念论者，学界也由此默认塞拉斯是一个概念论者。麦克道威尔借助于塞拉斯理由的空间（space of reasons）来进一步解释理性运作的表现，理由的空间是指证成和能够被证成我们所说的和我们

---

① Evans（1982：157）.
② Ayers（2004：249）.
③ 麦克道威尔（2009：50）。
④ 麦克道威尔（2018：244）。
⑤ 麦克道威尔（2009：50）。
⑥ 麦克道威尔（2018：125）。
⑦ 麦克道威尔（2018：14）。

所相信的这样一个空间。"断言认知事实的特性必须同断言自然事实的特性区分开来……'认知'就等于是某种'包含了概念'的东西……那些被我们描述为概念能力之实现的状态或片段就处于理由的逻辑空间中。"①

布兰顿指出，"只有有命题内容的且（因此）得到概念阐明的才能用于或（就此而言）需要证成，才因此奠基或构成知识"②。"塞拉斯用在他称之为的'给予和索要理由的游戏'中的角色来理解有命题的内容——它作为知识候选者是认识的。"③"因此，在塞拉斯式的框架下，要使经验具有概念性内容，就必须使这种内容由概念组成，其内容在'给予和索要理由的游戏'中被推论性地表达出来。"④ 相对照之下，"右翼"塞拉斯的主要支持者有罗森伯格（Rosenberg）、米利肯（Ruth Millikan）和保罗·丘奇兰（Paul Churchland），他们从塞拉斯的科学实在论立场出发，认可塞拉斯关于知觉经验具有非概念性内容的观点，为塞拉斯思想中具有非概念性的感觉印象概念提供辩护。

可以说，由于"左翼"塞拉斯过分倚重塞拉斯思想中知觉经验的概念内容，从而忽视了其思想中感觉经验的非概念内容。近几年来，一些国外的研究者对塞拉斯思想中的非概念性内容进行积极地论证与辩护。其中，阿尔斯通（Alston）明确主张，"存在一种殊相的非概念性的'呈现'或'给予'模式，这是感觉知觉的核心，也是知觉作为一种认知的最独特之处"⑤。"我的论点是感知中存在着非概念性的认知成分……正是这一成分将知觉与记忆、（纯粹的）判断、推理、怀疑、假设和其他形式的抽象思维相区分开来。"⑥ 奥谢（O'Shea）更一针见血地指出："塞拉斯尽管在整个职业生涯中对非概念性的表征内容进行谨慎且积极地辩护，但他却经历了一次奇怪的历史倒错，而极具讽刺意味地被称为'概念论的奠基人'之一，这与约翰·麦克道尔坚决反对非概念性表征内容概念

---

① 麦克道威尔（2018：4）。
② 塞拉斯（2017：56）。
③ 塞拉斯（2017：56）。
④ Levine（2016：856）.
⑤ Alston（2002：69）.
⑥ Alston（2002：73）.

的哲学立场有关联。"①

二 知觉经验的命题性和描述性内容

在《经验主义与心灵哲学》《科学与形而上学》《认知的结构》等著作中，塞拉斯极力为知觉经验的概念性内容和非概念性内容进行论证和辩护。在《经验主义与心灵哲学》中，塞拉斯将知觉经验的概念性内容和非概念性内容分别称之为经验的命题性内容和非命题的描述性内容。就经验的命题性内容而言，塞拉斯明确肯定知觉经验包含着"命题性断言"，"我意识到，说经验含有命题断言，这可能看起来是在缘木求鱼……证成这种谈论方式是我的一个主要目的"②。其中，命题性断言的意思为，经验内容的形式和命题的一般形式都是"事物是如此这般"，经验内容可以用"事物是如此这般"的命题形式来表达。比如，"天空是蓝色的"是由"天空"概念和"蓝色"概念组合在一起形成的；"草是绿色的"既是视觉经验的内容，也是判断内容。从塞拉斯关于经验包含着断言的观点出发，麦克道威尔积极地为其概念论主张进行辩护，"在塞拉斯看来，我们在拥有具有命题性内容的经验时就已经在思维了，而直观所具有的内容则可以构成经验对象的思维"③。

在《科学与形而上学》中，塞拉斯认为知觉经验包含概念性表征和非概念性表征，"人们很容易认为，康德在知性表征和感性表征之间的区别与许多哲学家在概念和非概念表征之间的区别本质上是一样的"④。塞拉斯使用术语"非概念性的感觉印象"来谈论经验的非概念性的描述内容，非概念性的感觉印象与经验的非概念内容之间紧密相关。经验确实包含着非概念性内容，"看到某物是绿的这个经验不只有命题断言'这是绿的'发生……这个断言可以说是感知对象从感知者唤起或拧出的，也还不够……在此之外的显然是哲学家们在他们提及'视觉印象'或'直接视觉经验'

---

① O'Shea（2010：208 – 209）。

② 塞拉斯（2017：19）。

③ 麦克道威尔（2018：104）。

④ Sellars（1968：2）.

时所考虑的"①。对于知觉经验具有非概念内容的关键在于，塞拉斯承认存在非概念的感觉或感觉印象，它是知觉经验的重要组成部分。不论是真实的知觉还是生动的幻觉都是感知主体的一种非概念状态，"感觉印象是意识的非概念状态"②。

（一）"看起来"语句中的命题性和描述性内容

在塞拉斯看来，"看起来"的语句中包含着"事物是如此这般"的命题性内容以及描述性内容（非命题性内容），即感觉印象。他详细分析"x之于S看上去是红的"这一"看上去"的语句。同时也阐释了知觉经验，其包括真实感知、错觉和生动的幻觉。塞拉斯将知识建立在标准条件下之于标准观察者所作出的观察报告的基础之上。他写道：

（a）看到x，在那儿，是红的；

（b）那边的x之于某人看上去是红的；

（c）那边之于某人看上去好像有一个红的对象。③

塞拉斯对这三种情况所包含的命题性（或概念性）内容和描述性内容进行了阐明，他致力于探究它们所包含的命题性内容和描述性内容是否相同的问题。首先，塞拉斯假定这三种情况具有共同的命题性内容，即命题断言"看到那儿的x是红色的"。例如我们非推论地知道"太阳是红色的"，我们的经验内容是含有"太阳"概念和"红色"概念的命题，或者它可以用命题"太阳是红色的"来加以表达。同样，这三种情况也包含着共同的描述内容（非命题性内容），即关于红色的感觉或感觉印象，这种红色的感觉印象是感知者的一种状态。塞拉斯指出："这三个经验的共同描述部分本身常称为经验——称为（例如）直接经验。"④ 他将红的直接经验描述为"它是看到某物是红的和相应的性质和实存的看上去的共同描

---

① 塞拉斯（2017：19）。

② Sellars（1968：10）.

③ 塞拉斯（2017：24）。

④ 塞拉斯（2017：25）。

述部分"①。布兰顿解释说："塞拉斯在这里提出了一个重要的问题，就是即使我们明白了存在上的、性质上的与非性质上的'看起来'陈述是由于认可程度的不同，但还是有一个重要的问题什么是这三种情况共同有的东西。答案就是关于红色的感官印象。"② 无论是在真实的知觉经验 a 中，还是在非真实的知觉经验（例如错觉和生动的幻觉中，即 b 和 c）都包含共同的描述性内容，即关于一个红的物理对象的"感觉"或"印象"。关于一个红色三角形的印象是感知主体的一种状态，它是"看到那边的对象是红的和三角形的；那边的对象之于他看上去是红的和三角形的；那边之于他看上去有一个红的三角形物理对象"③ 的共同的描述内容。

　　在真实和非真实的知觉经验中，不管一个红色的对象存在与否，不管一个对象是否为红色，亦即一个在场对象未必是红色的以及根本没有对象在场，主体始终拥有关于红色三角形的感觉印象。"当根本没有物理对象在那，或者，即使有，它也既非红的亦非三角形的，人们也能得到他们将其描述为'我好像看到一个红的三角形物理对象'的经验，这是怎么回事？大致地讲，其解释假定，每当一个人得到这种经验，无论是否真实，他都得到一个被称之为'关于一个红的三角形'的'感觉'或'印象'。"④ 如此一来，红色三角形的感觉印象可以存在于真实的知觉中，也可以存在于不真实的知觉（错觉和生动的幻觉）之中，其具有相同的非命题的、描述性的感觉内容。莱文（Steven Levine）指出，"塞拉斯量身定制了他的知觉印象理论主要不是为了解释知觉和思维之间的差异，而是为了解释一个相关的事实，即感知者在真实和非真实的知觉经验中都能经验到一个红色三角形"⑤。

　　在（a）这样的标准条件下，认知者借助观察报告对事实进行如实地描述，而看上去的语句是主体对当下的直接经验或印象的描述。只有在真实的知觉中，性质上和实存上的看上去都同时存在，看上去和看见就处于

---

① 塞拉斯（2017：25）。
② 塞拉斯（2017：68）。
③ 塞拉斯（2017：49）。
④ 塞拉斯（2017：11）。
⑤ Levine（2016：859）.

同一个层次，观察报告"x是红色的"与看上去的语句"x之于S看上去是红色的"二者相相同。然而，由于主体对（a）、（b）和（c）这三种情况中命题内容的认可程度是不同的，它们的描述性内容是不同的。在（a）中，感知者完全认可对象x，并且它必须具有红的性质。在（b）中，感知者仅仅是部分认可，认可有一个对象x，但不确定它是不是红色的。在（c）中，感知者完全不认可，不能确定对象x是否存在。

（二）《认知结构》中经验的感觉和概念成分

在《认知的结构》中，塞拉斯解释知觉经验的命题性（概念性）和描述性的内容。他借助知觉经验的"描述性核心"——知觉经验的现象特征来解释知觉经验的非概念性内容，他写道：

> 从现象学的角度来说，描述性的核心在于这样一个事实：在某种意义上某种红色和三角形的东西以某种方式呈现给感知者，而不是通过思维。[1]

> 知觉经验包含了一种感觉要素，它绝不是一种思维形式，不管它与思维有多么密切的联系。这个要素由我所谓的"感觉印象""感觉"或"感觉材料"组成。[2]

> 在感知（和表面感知）中，相关的特殊和普遍的可感物既是为感觉而存在，也是为思考而存在。因此，当我看到或表面上看到某物是粉红色的冰块时，粉红色立方体不仅为思考而存在也为感觉而存在。粉红色立方体以某种方式呈现可以被称为被感到的。[3]

显然，某种红色的三角形的东西在视觉上通过直接感觉的方式与通过思维或相信的方式呈现给主体，这两种感知方式之间是不同的，感知主体所直接感觉到的东西并不能等同于他所相信的东西。事物以某种方式呈现意味着主体直接地感觉到，粉色立方体的呈现意味着感知主体能够直接感

---

[1] Sellars（1975：310）.

[2] Sellars（1975：341）.

[3] Sellars（1975：310）.

到它，它不通过思维的方式或概念形式呈现给感知者，没有相应的概念能力参与到其中。故而，知觉经验的"描述性核心"在于知觉经验具有现象特征，其所包含的内容不是概念的，而是不具有认知价值的感觉印象。当然，经验为感觉而存在和为思维而存在之间是不同的，其中为感觉而存在关涉经验的感觉特性，为思维而存在关涉意向性。正如麦克道威尔所言，"经验是复合性的——包含断言的部分解释它们的意向性，感觉解释它们的感觉特征"①。这吻合塞拉斯区分知觉经验中的感觉部分和思维或概念部分的要求。

就知觉经验的概念性内容而言，"知觉经验还包含一个概念的或命题的组成部分——在这个可折叠术语的适当广泛意义上的'思考'"②。例如，"琼斯看到他前面有一个红苹果"，在塞拉斯看来，"琼斯已经学会了如何在感知情境中使用相关词汇"。③ 琼斯已经是成熟的语言使用者，做出"这是一个红苹果"的判断取决于对"红"概念和"苹果"概念的掌握。如此一来，掌握概念的能力，以及获得相应概念以及概念之间的逻辑关系是正确做出一个判断的先决条件。

总之，塞拉斯对知觉经验的命题性内容和描述性内容的解释，或者强调经验的非命题性描述内容的核心在于经验的现象特征，而经验的概念性内容在于概念思维具有意向特征，无一不体现出他对知觉经验所包含的概念性内容和非概念性内容的肯定。

三　塞拉斯的诊断：知觉不是感觉和概念的混合

在《经验主义与心灵哲学》中，塞拉斯对具有概念性内容的知觉思维和非概念性内容的感觉印象之论证，体现在他对整个所予框架进行强有力的攻击之中。他主要批判感觉材料论者没有严格区分感觉和思想（感到和认识到），总是将二者杂糅到一起。"塞拉斯批评感觉材料论者和其他传统

---

① 麦克道威尔（2018：246）。
② 麦克道威尔（2018：341）。
③ 麦克道威尔（2018：341）。

的认知基础主义,因为他们未能恰当地将感知的非概念状态与有概念结构的感知认定区分开来。"① 可以说,塞拉斯对经验中感觉和思维的区分与康德对感觉和概念的区分如出一辙,"康德对感觉和概念的区分是我们理解经验的一个重要里碑"②。为了攻击感觉材料论者未能将感到和认识到相区分的事实,塞拉斯提出三个命题组成的矛盾三元组:

> A. x 感觉到红的感觉内容 s 衍推 x 非推论地认识到 s 是红的。
>
> B. 感觉到感觉内容的能力是非习得的。
>
> C. 认识到具有 x 是 Φ 这个形式的事实的能力是习得的。③

对于 A 和 B 而言,存在着一种感官感觉,它是天赋的、与生俱来的一种非概念能力。它是我们和非理性动物、婴儿一样共同享有的一种感官能力。只要拥有正常的感觉器官,当受到外界事物的刺激,无须任何在先的语言学习和概念形成,就能够拥有关于某物的感觉经验,例如关于红的感觉和疼痛的内在感觉。

就 C 而言,认识到具有 x 是 Φ 这个形式的事实,只有拥有理性能力的主体才可能拥有这种能力,而婴儿和低等动物则可能不具有这种能力。x 是 Φ 这个形式的事实关涉"所有归类意识、所有某物是这样的知识,或所有殊相之于共相的涵摄"④。塞拉斯将其称之为经验主义传统中的唯名论倾向。在塞拉斯看来,如果放弃 c 的话,就会"违背经验主义传统中占主导地位的唯名论倾向"⑤。认识 x 是 Φ 这个形式的事实能力,亦即做出一个判断的能力是通过学习获得的,它"需要学习、概念生成、甚至符号的使用"⑥。这也是塞拉斯心理学唯名论的根本要义所在,"我想强调,'心理学的唯名论'在我使用时的首要内涵是否认有任何对逻辑空间的觉知先于(或独立于)语言习得"⑦。"所有关于分类、相似、事实等等的觉知,总

---

① Rosenberg(2001:240).

② deVries(2011:47).

③ 塞拉斯(2017:10)。

④ 塞拉斯(2017:10)。

⑤ 塞拉斯(2017:10)。

⑥ 塞拉斯(2017:10)。

⑦ 塞拉斯(2017:31)。

之，所有关于抽象实体的觉知——确切地讲，甚至所有关于殊相的觉知——都是语言的事。"① 知觉经验的概念性内容与塞拉斯的"心理唯名论"的基本内涵相吻合，"因此，考虑到术语的精妙运用，塞拉斯的心理唯名论和麦克道尔的概念论的基本思想本质上是相同的"②。

如果肯定 A 和 B，那自然会认为知觉经验具有非概念内容或感觉成分；而如果肯定 C 的话，那就会认为知觉经验具有概念内容，概念形成过程需要认知主体概念能力的参与。如果将 A 和 B 与 C 相糅合在一起，那就会混淆知觉经验的概念内容和非概念性内容。

在《经验主义与心灵哲学》中，塞拉斯将内在片段分为"思想"和"感觉印象"，它们是经验的两个组成部分。他承认存在着两种内在片段，第一种是非言语的、非概念的内在片段，在其中并不包含概念和命题因素，塞拉斯其称之为"感觉印象"。例如，关于一个红的三角形的感觉或关于疼痛感觉。不具有概念能力的婴儿和非理性动物都共同享有这种感觉印象。这种非概念性的内在片段并不预设任何在先的语言学习过程，它是未经概念化的，在其中也没有任何的概念参与，是一种直接的所予和单纯的感受性。只要拥有正常感觉器官的生物，都能对外部环境的刺激做出不同的可靠反应，比如一只经过训练的鹦鹉，看到红色的样本就会发出"这是红色的"声响，但它并不具有理性认知能力，它不能对其中所包含的"红色"概念进行运用。在这一层面上，非概念性是感觉印象的典型特征。

第二种概念性的和命题性的内在片段，它是一种非推论性的认知过程，具有认知价值。它是一种具有"事物是如此这般"命题形式的经验判断，需要预设语言学习和概念生成，有概念能力参与其中。比如要做出"某人面前有一个向面一面是白色的圆形的水杯"的观察报告，感知者获得相应的物理对象（即水杯概念）和性质（即白色概念和圆形概念），并运用概念能力来掌握一整套颜色概念和形状概念，以及它们之间的逻辑关系。如果感知者具有白色、圆形和水杯概念，那他就能做出"有一个白色圆形的水杯"的判断，或者将相应的概念能力用于"这是一个白色的圆形

---

① 塞拉斯（2017：32）。
② Refeng Tang（2010：103）．

水杯"视觉经验之中。而如果他仅仅有白色和圆形概念，那只能确定有一个白色圆形的物理对象，不能确定那个东西是什么。

塞拉斯将经典感觉材料诊断为这两种内在片段杂糅的结果，亦即混淆了知觉经验中的感觉印象和思想这两个要素。感觉本身不具有认知特征和意向性特性，认识特征和意向性是思想的典型特性。感觉就其本性而言不是认识（思想），它是感知者的一种状态，认识到需要概念介入和参与。对于感觉本身的特殊性，以及感觉与认识之间的关系，塞拉斯提供这样的解释，即"我的论点是只有感觉使认识成为可能，它是认识的一个基本要素的意义上，感觉才是一种认识能力。可是它自身还不是认识。它是意向次序的一个必要条件，可是它自身并不属于这个次序"①。鉴于感觉和思想未区分的情况，塞拉斯一针见血地指出："我想我们今天都会同意，感觉与思想同化是错误的。"② 感觉和思维不能相等同，从我有一个红色的三角形的感觉并不做出我知道这是一个红色三角形的判断。尽管"看到一个红色的三角形"与"思考（想到）一个红色的三角形"之间都具有相同的经验内容形式，即"这是一个红色的三角形"，它们之间的不同仍然非常明显。在真实感知中，感知层面的看到是一种"在场之思"，思想所涵盖的判断、推论、欲望和意愿等是"不在场之思"。

感觉材料论者没有区别经验中感觉和思想的原因在于"尝试以科学方式来解释感觉感知的事实"③。更进一步说，将原本属于思想的认识特征归派给感觉印象，将感觉视为认知事实，这完全将感觉和认知（思想）混为一谈。例如，直接将关于一个红的三角形的感觉视为一个认知或认识事实，将其既视为一个感觉，亦视为一种认知形式。依照塞拉斯的观点，"得到一个关于一个红的三角形的感觉是一个自成一类的事实，既非认识的亦非物理的，有自己的逻辑语法"④。这种混淆导致的结果是这样一个想法，即"关于一个红的三角形的感觉是经验知识的最佳范例"⑤。

---

① Sellars（1963：46）.
② 塞拉斯（2017：27）。
③ 塞拉斯（2017：11）。
④ 塞拉斯（2017：11）。
⑤ 塞拉斯（2017：12）。

至此，为了将感觉印象和思想相区分开来，塞拉斯采取的合理方案是，将理由的逻辑空间和自然的逻辑空间进行区分。"理由的逻辑空间"在范畴上与"自然的逻辑空间"相区分，两个逻辑空间不能相互定义、不能交叉和还原的，不能将两者混为一谈。故而非概念的感觉印象不能进入辩护和推理所属的理由的逻辑空间。自然的逻辑空间遵循自然规律和因果法则，理由的逻辑空间受规范的约束，由辩护关系和推论关系构成。同样，理由的逻辑空间中的东西不能还原为自然科学的经验描述，也就是认知的事实不能分析为非认知的事实（自然的事实），否则就会陷入"自然主义谬误"之中。

四　经验知识的形成：感觉和概念相结合

塞拉斯思想中贯穿着感觉经验和思维之区分，知觉经验包含作为非概念内容的感觉和作为概念内容的思想这两个部分，二者在本质上是不同的，不能将它们完全混淆在一起。感觉材料论者一厢情愿地认为仅仅依靠单纯的感觉或纯粹所予就能够直接获得经验知识，并假定通过纯粹所予获得的非推论观察知识能够为其他知识奠定基础。这不但陷入所予神话之中，而且也忽视了经验知识的形成需要感觉经验和概念能力的共同参与。不管怎么说，对于塞拉斯而言，单凭纯粹所予无法形成经验知识，直接给予的东西依赖于前语言的学习和概念的形成。为了强调认识事实具有规范性纬度，或者保证经验知识具有认知价值，塞拉斯主张将经验知识置入到理由的逻辑空间中。认知或认知事实都处于理由的逻辑空间中，认知本质上是一项规范性的事业，"根本在于，在将一个片断或一个状态描述为认识到的片断或状态时，我们不是在经验描述那个片断或状态；我们是在将它置于理由的逻辑空间，即证成和能证成我们的话的逻辑空间"①。作为经验的或事实描述的片段或状态被置于自然的逻辑空间中，关于认识的片段或状态则被置于理由的逻辑空间中。理由的逻辑空间具有明显的规范特

---

① 塞拉斯（2017：36）。

性，人类理性所属的概念能力参与其中。塞拉斯的理由的逻辑空间是作为知觉经验是否具有概念内容，或者经验知识是否具有规范性的根据。一旦一个经验片段成为一个认知片段，知觉经验具有认知特征和概念内容，那它就处于理由的逻辑空间之中。

知觉经验的概念内容关涉感知和思想之间的关系，知觉经验已经包含了概念性的、命题性的东西。感知和思维两者密不可分的，知觉中包含思考，"尽管我们经常将感知与思考进行对比，但在一种恰当的意义上，感知本质上涉及了思考"①。当我们说看到或知觉到一个"红色的""三角形的"东西的时候，事实上包含着思考（想到）关于一个"红色的""三角形的"东西的概念。关于"红的"和"三角形的"印象或直接经验依赖于"红的"和"三角形的"概念的掌握。如果某一个人想要持有或获得某一个概念，那必须对包含这个概念的整个概念系统或概念网络进行把握，进而才能做出包含此概念的判断。语言的学习和概念的生成是一个社会历史的过程，是不断训练的结果，"若不使用'红的'和'三角形的'这种语词，怎么描述这些印象"②。"关于颜色的'简单'概念都源自之于长期的在公共情境中对公共对象（包括言语执行）的公共强化的回应过程。"③

在塞拉斯看来，感觉不是认知的开端，认知到需要概念介入和理性运作。可是，我们的概念能力并没有直接渗透在最简单的、最原初的感觉材料之中，只有主体在形成判断时，我们的理性和概念能力才发挥作用，理性思维是概念运用。

这直接与麦克道威尔的主张形成对照，即理性运作或概念能力直接弥漫和渗透在最初的感觉经验之中，心灵或理性运作在时间上并不是延迟的和在后的，或者作为事后加入进来的。在形成经验知识的过程中，认知或知识的获得需要学习、概念生成过程甚至符号的使用。直接的、独立的以及没有概念渗入的纯粹经验所予并不能形成经验知识。在主体做出知觉经验判断的同时，概念能力已经在其中发挥作用了。经验知识的形成需要感觉和概念的共同参与，二

① Sellars（1975：303）.
② 塞拉斯（2017：40）。
③ 塞拉斯（2017：40）。

者缺一不可，"虽然塞拉斯有一个非概念性表征内容的概念，但它只能在一个知觉行为是概念性的整体语境中才凸显出来。"① 塞拉斯并没有完全像概念论者一样，认为在感觉的呈现过程之中就已经有概念渗入其中。概念能力恰恰是在形成知识的过程中，即做出知觉判断时才发挥作用。

结　语

在塞拉斯的思想中，知觉经验既具有概念内容也具有非概念内容，知觉经验本身包含着感觉和思想或认知双重成分。在感觉层面上，知觉关涉感觉印象，知觉经验具有非概念内容。在思想层面上，知觉牵涉思维和概念成分，知觉经验具有概念内容。知觉经验的非概念性内容关涉感觉和知觉之间的关系，而知觉经验的概念性内容则关涉知觉和思想之间的关系。前者是婴儿和非理性动物共同具有的一种感官经验，后者只有通过后天学习才能掌握的一种概念能力，它需要预设概念的形成和语言的学习。根本没有任何对逻辑空间的觉知先于或独立于语言习得。如果过分强调知觉经验的双重成分中的一个，那就会像"右翼"塞拉斯和"左翼"塞拉斯一样，简单地将塞拉斯要么解读为非概念论者，要么解读为概念论者。这样的后果是无法形成经验知识，经验知识的形成需要知觉经验中的感觉经验和概念能力的共同参与。塞拉斯确实承认经验包含着非概念性或非命题性的感觉印象，它是感知主体的一种意识状态。可是凭借单纯的感觉不能形成经验知识，必须将感觉和思维能力结合起来才能形成经验知识。我们应该注意到塞拉斯思想中知觉经验的感觉成分和思维成分，公平地对待知觉经验的概念内容和非概念内容。知觉经验中感觉和思想的区分与自然的逻辑空间和理由的逻辑空间划分紧密相关，在自然的逻辑空间中作为自然事实的经验是非概念性的，在理由的逻辑空间中作为认知事实的经验是概念性的。为了保证经验知识具有规范价值和认知地位，塞拉斯将自然的逻辑空间中以非概念方式呈现的感觉经验置入理由的逻辑空间之中，成为具有

① Levine（2016：856）.

规范性的认知事实。

参考文献

Alston，W. P.，2002，"Sellars and the 'Myth of the Given'"，*Philosophy and Phenomenological Research*，LXV，No. 1.

Ayers，M.，2004，"Sense Experience, Concepts, and Content-Objections to Davidson and Mc-Dowell"，Schumacher，R. （ed.），*Perception and Reality：From Descartes to the Present*，Paderborn：mentis，pp. 239 – 262.

Brewer，B.，2005，"Perceptual Experience Has Conceptual Content"，Sosa，E. and Steup，M.（eds.），*Contemporary Debates in Epistemology*，Malden，MA：Blackwell.

deVries，W.，2011，"Sellars vs. McDowell on the Structure of Sensory Consciousnesss"，*Diametros*，27，pp. 47 – 63.

Evans，G.，1982，*The Varieties of Reference*，Oxford：Oxford University Press.

Levine，S.，2016，"Sellars and Nonconceptual Content"，*European Journal of Philosophy*，24，No. 4，pp. 855 – 878.

McDowell，J.，2009，"Having the World in View: Sellars, Kant, and Intentionality"，McDowell J.，*Having the World in View：Essays on Kant，Hegel，and Sellars*，Cambridge：Harvard University Press.

O'Shea，J. R.，2010，"Conceptual Thinking and Nonconceptual Content：A Sellarsian Divide"，O'Shea，J. R. and Rubenstein，E. M. （eds.），*Self，Language，and World Problems from Kant，Sellars，and Rosenberg*，California：Ridgeview，pp. 208 – 231.

Rosenberg，J. F.，2001，"Wilfrid Sellars （1912 – 1989）"，Martinich，A. P. and Sosa，E. D. （eds.），*A Companion to Analytic Philosophy*，Blackwell，p. 240.

Sellars，W.，1963，"being and being known"，in Sellars W.，*Science，Perception，and Reality*，California：Ridgeview.

——，1968，*Science and Metaphysics：Variations on Kantian Themes*，New York：Humanities Press.

——，1975，"The Structure of Knowledge，" Castañeda，H. N （ed.）：*Action，Knowledge and Reality：Studies in Honor of Wilfred Sellars*，Indianapolis：Bobbs-Merrill，pp. 295 – 347.

Tang，Refeng，2010，"Conceptualism and the New Myth of the Given"，*Synthese*，2010，Vol. 175，pp. 101 – 122.

Tye，M.，2006，"Non-conceptual Content, Richness, and Fineness of Grain"，Gendler，T. and Hawthorne，J. （ed.），*Perceptual Experience*，Oxford：Oxford University Press，pp. 504 – 530.

麦克道威尔：《心灵与世界》，刘叶涛译，中国人民大学出版社 2009 年版。

麦克道威尔：《将世界纳入视野：论康德、黑格尔和塞拉斯》，孙宁译，复旦大学出版社 2018 年版。

塞拉斯：《经验主义与心灵哲学》，王玮译，复旦大学出版社 2017 年版。

对遵行规则的意向论和倾向论解释

马健（MA Jian）[*]

摘要：如何妥善地理解肇始于维特根斯坦（1958）的遵行规则考量（rule-following considerations），仍然是一个莫衷一是的论域。尽管遭受了克里普克（1982）的无情攻击，意向论者和倾向论者还是做出了许多挽救各自立场的努力。本文选取了或许是意向论和倾向论阵营中构思最为精巧的两个版本——赖特（2001）的意向论和金斯伯格（2011）的倾向论，分别作为他们各自立场的代表，考察他们的方案能否应对克里普克的怀疑论挑战，并对遵行规则给出令人满意的解释。不幸的是，二者的理论依然存在致命的缺陷。然而，他们的失败无疑是富有教益的，因为他们失败的根源都是因为预设了遵行规则主体的概念能力。在诊断这一失败的同时，我们也能更加充分地理解维特根斯坦自己对于解决遵行规则的怀疑论悖论留下的提示（reminder）。

关键词：遵行规则；意图；倾向；概念能力

Intentionalism and Dispositionalism in
the Rule-Following Considerations

Abstract：How to properly appreciate the rule-following considerations that

---

* 马健，清华大学哲学系博士研究生（MA Jian, PhD Candidate, Department of Philosophy, Tsinghua University, Beijing, China, Email：maj19@ mails. tsinghua. edu. cn）。

originated with Wittgenstein（1958）remains a field of dissent. Despite the implacable attacks from Kripke（1982）, intentionalists and dispositionalists have taken pains to salvage their positions. I pick perhaps the two most ingenious versions of the intentionalist and dispositionalist accounts of rule-following, Wright's theory of intention and Ginsberg's theory of primitive normativity, as representatives of their respective positions, and examine whether their plans can meet Kripke's skeptical challenge meanwhile provide a satisfactory explanation for our practices of rule-following. Unfortunately, both theories remain fatally flawed. However, their failure is rather instructive, since their failure is due to a presupposition of conceptual capacity of the rule-follower. In diagnosing this failure, we shall apprehend Wittgenstein's reminder of resolving the skeptical paradox of rule-following more adequately as well.

Key words：rule-following；intention；disposition；conceptual capacity

一　引言

当我们依照规则行事时，规则就决定了我们应当做什么。规则对我们实际要做出的行动提出了规范性的要求，或者说，施加了一个规范性的限制：如果一个人没能做出规则所要求的行动，那么他也就没能成功地遵行这一规则——以这个规则作为判断标准，我们就可以说，他做错了。

规则何以具有这样的规范性效力？又是什么使得一个行动是在对某个规则的遵行之下做出的？意向论和倾向论是回答这些问题的两个主要思路。意向论式的解释就是用带有意向性内容的心灵状态来解释一个行动何以是在对某个规则的遵行之下做出的。而倾向论式的解释则是用倾向来解释一个行动何以是在对某个规则的遵行之下做出的，常被用来解释遵行规则的倾向并不带有意向内容。意向论和倾向论分别代表了两条不同的进路，但也仅仅各自捕捉到了遵行规则的一个侧面。如果规则本身即可成为意向性心灵状态的内容，那么我们就能借助这些心灵状态来解释依照某个规则行动的应然性向度。但单单以规则作为内容，还不足以解释这样的心灵状态如何促使行动者实际去做出规则所要求的行动。相反，实然性则是倾向的题中应有之义：说一个主体具有一个倾向，就意味着一旦满足了适当的条件，该主体就会做出相应的行动，但常被用来解释遵行规则的倾向本身却不带有任何规范性的意蕴，因而无法解释为何主体倾向去做的，恰好就是规则所要求的行动——毕竟，不难想见，在某些场合之下，我们倾向于做的，未必是规则要求我们做的。

意向论的困难是解释遵行规则的实然性，而倾向论的困难则是解释遵行规则的应然性。一个对遵行规则的完整解释要同时解释其实然性和应然性。本文选取赖特的意向论和金斯伯格的倾向论分别作为意向论和倾向论的代表，分别考察他们是如何应对各自思路所面临的困难的。意向论和倾向论无不被克里普克批评过，而赖特对意向论的辩护和金斯伯格对倾向论的辩护也都基于对克里普克批评的回击，因此，我们在第二节首先简要回顾一下克里普克对意向论和倾向论的批评。第三、四节分别考察赖特对意向论的辩护和金斯伯格对倾向论的辩护。我们将看到，赖特对意向论的辩护和金斯伯格对倾向论的辩护都不成功，这是因为，他们是在试图回答一个被克里普克错置的问题。意向论和倾向论都没能把握到关于单个心灵状态的事实是以整体性的概念能力为基础的，而这种概念能力是一种作为倾向的智性能力，这种倾向则完全脱离了克里普克的视野。第五节将简述这种智性能力何以解释遵行规则。

二　克里普克对意向论和倾向论的批评

克里普根斯坦（Kripkenstein，即克里普克阐释下的维特根斯坦）主张，没有关于我的事实能够确保在依照规则行事时，我的行动是在对该规则的遵行之下做出的。克里普克邀请我们设想，当一个怀疑论者质疑某个行动是在对某个规则的遵行之下做出的时，我们能够援引何种事实来为该行动辩护。当然，一个完整的回答还要包括，这些事实怎么一来就辩护了受到挑战的行动。怀疑论者将自证的负担转嫁给对方的方式是指出，你事实上未必是在遵行你自以为在遵行的那个规则。或许你曾经多次依照该规则的指示行动过，但过去的有限实例并不能保证你当下正在遵行的仍然是同一条规则。因为，有无数多其他规则都与过去的有限实例相容，但却都对当下首次出现的个例提出了不同的要求。规则决定了何种行为是对它的正确遵循，也因而为失败预留了余地。怀疑论的论证是归谬式的：既然我们无从区分对原规则的失败遵循和对其"赝品"的正确遵循，那么遵循规则这回事也就无从谈起："如果一切皆可被认作与规则相符，那么它也可被认作与之相悖。从而这里就会既没有符合也没有抵牾。"（Wittgenstein，1958：§201）接下来，克里普克分别考察了意向论和倾向论能否回应怀疑论者的挑战。克里普克的结论是，意向论和倾向论都不能回应怀疑论者的挑战。

意向论者会援引关于克里普克所设想的那类专为遵行某个规则特设的（sui generis）心灵状态的事实来为某个行动是在对某个规则的遵行之下做出的辩护。对此，克里普克的反驳是，如果认为有这样一种原初心灵状态为遵行规则奠基，那么它的本性全然是神秘的。一方面，由于它并非是那种带有现象性特征、因而可被内省到的心灵状态①，我们无法解释它为何一俟出现就可被"带着相当程度的确定性"觉识到。（Kripke，1982：51）克里普克强调这种觉识的重要性，因为在他看来，任何有望承担辩护角色的事实都要满足一个一般性的要求："它必须得告诉我在每个新情况中我应当做什么。"（Kripke，1982：24）也就是说，如果承载规则的事实处于我的觉识范围外，就难以解释它是如何引导、指示我做出规则要求的行动的，因而也就起不到为该行动辩护的作用。然而，克里普克的这一论证并非是决定性的，意向论者仍可从至少两个方向予以回击：例如，意向论者首先可以坚持，虽然不带有现象性特征，但并不意味着这种心灵状态就不可被内省到。退一步讲，内省也并非主体通达其心灵状态的唯一方式，因

---

① 除了意向性的和倾向性的心灵状态，至少还有一类现象性的心灵状态，即带有独特现象性特征的心灵状态。克里普克将其等同于"可被内省到的（introspectible）心灵状态"，因为克里普克认为，一个可被内省到的心灵状态必定具有某种独特的现象性特征，并正因其现象性特征才可被内省到。克里普克反对关于这类心灵状态的事实能够辩护一个行动是在对某个规则的遵行之下做出的，因为它既不能捕捉到遵行规则的实然性面相，也不能捕捉到遵行规则的应然性面相，相反，它更多的是一种伴随性的心灵状态。本文认为克里普克的这一论证是决定性的，因而不再展开论述。

而即便这种特设的心灵状态果真不可内省，它未尝不可通过其他的途径达到。然而，即便意向论者能够应对上述挑战，依然要面临如下困难。

这种假想的心灵状态的神秘性还体现在另外一个方面，如克里普克所言："这样的一个状态定会是包含在我们有限心灵当中的有限对象"。（Kripke，1982：52）既然这种心灵状态是有限的，那么它必定不可能直接囊括无限多的实例。然而，既然它能够在不同的情境中引导我们响应规则的要求，这无限多的实例实则又必定"已经以一种古怪的方式在那儿了"。（Wittgenstein，1958：§95）这是如何可能的？设定这样一种心灵状态的存在，似乎只是独断地肯定了它一定能够如此，然而这恰恰回避了这一问题的关键。况且，即便允许这种心灵状态囊括无限多的实例，也无法回避怀疑论者的挑战——怀疑论者仍然能够针对无限多的实例构造出对规则的非常规阐释。只不过在这种情况下，由于已经穷尽了所有可能的实例，非常规的阐释不再能够在某个尚未取值处分段，而要在未来的某个时间点处分段。（Kripke，1982：19 – 21）

克里普克对倾向论的诘难与对意向论的大致相同，也就是说，意向论面临的上述两个困难，同样对倾向论构成挑战。倾向并不是一种实际发生（occurrent）的心灵状态，因此，具有一种倾向并不在于主体内心中发生了什么，而是说该主体在一定的条件下会有一定的反应。用倾向来解释遵行规则的行动，就是说当该规则具备施行条件时，主体就会按照该规则的要求去行动；并且，即便在规则的施行条件尚未满足时，若被问及假如施行条件满足会如何行动，主体也会回答会按照规则的要求行动。

对此，克里普克的回应是：倾向从根本上来说不构成对怀疑论的回答，也就是说，倾向天然地无法为遵行规则的行动辩护。首先，倾向能提供的充其量是一种因果性的解释，因为倾向能够因果地决定一个主体会去做的事情；但怀疑论者要求的则是一种辩护，也就是说，提供这种辩护的事实要能说明主体如何出于对规则的理解和把握而行动，但由于倾向并不能在这种意义上"告诉"主体应当做什么，因而也就无法提供辩护：

> 所以，倾向式的说明似乎想错了怀疑论者的问题——去找到一个过去的事实来辩护我现在的回应。作为一个决定了我意指什么的"事

实"的候选项，它没能满足那个对于这样一个候选项的基本条件，在前面第 11 页也强调过，那就是它必须得告诉我在每个新情况中我应当做什么。最终，几乎所有对倾向式的说明的反驳都会归结到这一点。（Kripke，1982：24）

此外，就像意向性的心灵状态只能承载有限的实例作为内容，一个主体所能具有的倾向也是有限的。然而，一个规则原则上可以施用于无限多的情境，那么，面对那些超出主体具有对应倾向的情境，便不再有倾向能引导主体做出规则要求的行动。也像意向性的心灵状态一样，即便授予一个主体无限的倾向，仍旧无济于事。对此，克里普克有两点论证。首先，如果人类果真具有无限的倾向，那么这个世界会变成什么样子是不可思议的，那样一个场景下的遵行规则将与现实世界中大相径庭，如何思考相应的辩护问题也不得而知。此外，如果针对每个超出有限倾向的个例，我们都假想某个主体恰好具有应对该情境的倾向，因而判断他会以与应对本就具有的、有限倾向中对应情境相同的方式来应对该情境。但对于这样一个额外倾向的设想，要以确有事实能首先保证有限的倾向引导主体遵行的是特定的规则为前提，而这恰恰是怀疑论者试图挑战的，因而附加倾向的策略陷入了循环。

如果以上的怀疑论悖论是无解的，就会有一系列灾难性的后果：丧失了规范性效力的规则将不再成其为规则，继而遵行规则将是不可能的；而一旦意义的规范性整个化为泡影，任何语言也都将是不可能的：

> 不可能有用任何语词意指任何东西这样的事。我们做出的每次新应用都是一次黑暗中的跳跃；当下的任何意图都可被阐释，以与我们可以选择去做的任何事情相符。于是这里既不可能有符合，也不可能有抵牾。（Kripke，1982：55）

三 赖特的意向论解释

赖特指出，并非所有带有意向内容的心灵状态都无法解释遵行规则行动的实然性。在赖特看来，日常意义上的意图即可解释遵行规则行动的实然性，并为之辩护。意图之所以能用来解释遵行规则行动的实然性，是因为一般而言，说某人有意图做某事，就意味着如果该主体没有忘记其意图、知道采取行动的时机已到、没有受到阻碍且没有改变主意，那么他就会去做这件事。相反，如果在上述条件满足的前提下，该主体没有去做他据称有意图去做的那件事，我们就会反过来质疑他是否真的有去做那件事的意图。

关于意图的事实要辩护遵行规则的行动，就要首先应对克里普克的上述两个反驳。我们首先来看着眼于内容之有限性的那个。赖特认为，在与行动相关的那个意义上，意图可以具有潜在无限的内容：

> 意图可以是普遍的，并因而可以在直觉上相关的那个意义上具有潜在无限的内容。……一个意图如何承载潜在无限的情况？嗯，就因为它可能是以某种特定的方式回应某类特定情况中的任何一个的意图，并且存在潜在的无限多个那类情况。（Wright, 2001：126）

意图是普遍的，因为意图瞄向的是行动者想要达成的某个目的，而要达成一个目的，则可以通过不计其数的手段。对于实现某个特定的目的而言，不同的情境中有不同的可供性（affordance）作为潜在的手段，行动者因而得以采取不同的方式实现其相应的意图。当然，要实现任何意图，行动者都必须最终落实到某个具体的行动上，以作为达成该目的的手段。当意图是遵循某项规则时，例如"尽可能快地回复邮件"，尽管这个意图就其本身并未指明任何具体的个例，但也正因如此规定了无论收到了什么邮件，该行动者都要尽可能快地回复（当然，这一规则仅对那些有必要回复的邮件生效）。具体的回复方式当然最终取决于每个收到邮件的单独情况，但所有这些个别情况中的回复行为，尽管各不相同，却都统摄在遵循"尽可能快地回复邮件"这一规则的意图之下，都是在对这一规则的遵行之下做出的。正是在这个意义上，意图的内容是潜在无限的。

如前所述，对遵行规则行动的辩护要求与提供辩护的事实相关的心灵状态呈现在主体的觉识范围内，那么，意图如何满足这一要求呢？首先，赖特指出，我们关于自己意图的知识是非推论性的（non-inferential），也就是说，我们对自己意图的知晓并非基于证据，这里的证据包括但不限于现象性特征、对意图内容的思考、记忆。一个意图的存在并非独立于我们对它的把握；相反，我们对它的把握恰恰构成了它的存在。赖特主张，这种权威性植根于我们作为理性主体的主体性：

> 我们对意指、意图，以及决定的自我归属所具有的那种权威性，并非基于任何种类的认知优势、专长或成就。相反，它就像是一种许可，非正式地授予任何一个被我们严肃地当成是理性主体的人。可以说，它是这样的一个主体的权利，去宣称他所意图之事、他曾意图之事，以及是什么满足了他的意图，而他对这种权利的据有，在于在其他条件相同的情况下，赋予这种声明一个构成性而非描述性的作用。（Wright，2001：137－138）

赖特发展了一种对以下双向条件句的构成性读法来阐明对意图的声明的这种构成性作用：

> X 意图做 P，当且仅当 X 倾向于公开宣称做 P 的意图，且在这样做时是真诚的，且充分把握了这一意图的内容，且未受实质性自欺的影响，等等。（Wright，2001：139）

对于上述双向条件句，从左到右的读法是侦测性的，在这种读法之下，位于"当且仅当"左侧的条件具有优先性，也就是说，X 意图做 P 这一事态的成立独立于 X 对这一事态的认知，右侧条件的满足仅仅保证了 X 对这一事态的把捉，而这种把捉是一种认知上的成功。与之相对，从右到左的读法即是构成性的，在这种读法之下，X 意图做 P 这一事态的成立取决于当右侧的条件满足时，X 对于自己有去做 P 的意图的判断。由此，我们关于自身意图的判断本身即构成了行动中带有规范性的事实，从而无须援引任何进一步的事实来为之辩护。①

---

① 赖特强调，这种依赖性不仅体现在我当前的判断对于我当前意图的构成上，还存在于我当前对于我过去意图的判断上（Wright，2001：141－142）。然而，这会面临如下困难。对于同一个意图，在它最初形成之时，它由我当时关于它的判断构成，例如，我曾真诚地宣称我有意图做 P；然而，假如我最终没有诉诸行动，那么当我后来回顾这一意图时，我可能会宣称我当时并非真的有去做 P 的意图。按照赖特的主张，我们似乎总要以后来的说法为准，也就是说，事后的判断总是更权威，以此为依据，则能够判定我当初形成意图时的宣称必定违反了某项构成性条件。然而，我当然也有可能是面对困难临阵退缩了，只不过出于难以接受这一事实的羞耻感，我成功地欺骗自己说自己当时并不真的想做 P。无条件地接受后来的说法反而会使人受到当下自欺的蒙蔽，从而误判过去情况的真诚性。然而，按照赖特的方案，我们却不再有进一步的证据去衡量后来的说法，因而似乎永远没有把握去确证后一种情况。

然而，赖特的理论存在一个致命的缺陷：要保证意图的内容是有意义的，拥有意图本身就已经预设了遵行规则的能力，因此，用意图来解释遵行规则也就陷入了循环。博格西安对这一困难做出了明晰的表述：

> 为了遵行规则，我们要先有意图。要有意图，我们思想语言的表达就要有意义。为了那些表达有意义，我们就要依照规则使用它们。为了我们依照规则使用它们，我们就要先有意图。而这样一来，内容和遵行规则哪个都无法开始起作用。（Boghossian，2012：36）

尽管形成一个意图或遵行一个规则本身并不必然要求该主体用语言明确表述，或有意识地思考该意图的内容抑或该规则的要求，但如果该主体原则上无法用语言表达相关的内容，也就是说，如果该主体不具备相应的概念能力，那么他也就无法真正形成一个意图或遵行一个规则。

用意图来解释遵行规则的行动，大致要遵循如下推理模型，继续以前面"尽快回邮件"的规则为例：

大前提 尽可能快地回复邮件（普遍规则）
小前提 收到一封需要回复的邮件（特殊情境）
结 论 回复它（行动）

由此可见，要遵行一条规则，行动者不仅要能把握这条规则的要求，还要能识认出眼下的情境正是要去施用这条规则的一个情境，而这种把一个特例归入一个一般性情况的能力，就是这里所说的概念能力。在其最新近的一篇探讨遵行规则的论文中，赖特自己也意识到了他的理论所面临的这一困难："至于一大类概念，对它们的把握并不先于用合规的语言表达它们的能力，而是恰恰寓于那个能力之中。"（Wright，2008：138）因此，我们之所以能用关于单个意图的事实来解释对单个规则的遵行，依赖于主体整体上带着意图行动的能力，而这种能力又依赖于主体的概念能力。最终，我们看到，意向性的解释并不能从根本上解决问题。

四 金斯伯格的倾向论解释

虽然一般而言，在依照规则行事时，是被遵行的规则决定了行动者应当做什么，但金斯伯格指出，在行动者尚未掌握该规则时，即便不参照规则的要求，我们仍可在一个特殊的意义上说行动者在某个特定的情境下应当做出某个行动。设想在尚未掌握"＋2"这个规则时，一个小孩首先通过死记硬背记住了该数列从2开始的前500项，那么当他数到1000时，即便他还没有掌握"＋2"这个规则，我们还是会说，下一个数字他应当数1002；并且，假如他当真数了1002，我们却拿其他数字来"纠正"他，那么可以合情合理地想见，他会对此感到困惑——而由于他尚未掌握"＋2"的规则，他也就还无法援引这条规则来这样解释自己的困惑：其他数字之所以感觉"不对头"，是因为它们不符合"＋2"的规则。

我们之所以有权断言这个小孩在这一情境下应当数1002，并不是因为按照"＋2"这个规则，数1002在此处是正确的，而是因为根据此前已经数出的数字营造出的语境本身，数1002在此处是恰当的。金斯伯格将这种源自情境的规范性称作原初规范性，并主张，对原初规范性的响应是借由主体具有的一种倾向实现的。金斯伯格之所以将对这种规范性的响应定位在原初层面上，一个显而易见的缘由是，就像原初规范性的名字展示出的那样，这种响应是原始的，不涉及理智活动的参与，因而无论是规则本身还是主体从已有实例中可能读出（read off）的规律，均不进入主体的心灵内容，因而仅就这一步而言，金斯伯格的理论并不受赖特面临的上述循环论证的威胁。然而，我们将看到，金斯伯格的理论以一种隐蔽的方式预设了主体的概念能力，因而终究还是陷入了循环。

克里普克的要求是，为遵行规则的行动辩护的事实要能告诉行动者，在特定的情境中，按照规则的要求，他该怎么做。然而，由于金斯伯格关注的并不是在已经掌握规则的前提下，行动者在相关事实的引导下遵照规则的要求行事的情况，而是在尚未掌握规则的情况下，行动者在一定数量实例的"惯性"之下，对自己继续做出的行动恰当与否做出评判，因此，面对这些更原始的案例，克里普克对辩护的要求也要做出相应的调整：为行动者顺着之前的一系列实例继续做出的行动辩护的事实要能告诉行动者，在相应的情境下，如此行动是恰当的。金斯伯格的理论能够满足这一要求，因为她明确主张，响应原初规范性的倾向引导行动者在特定的情境下做下去（go on）的方式，正是借助它在主体身上产生的一种恰当感实现的，而这种恰当感，无疑是主体能感受到的东西。在这种倾向的引导下，如果行动者对自己顺着之前的一系列实例继续做出的行动产生了这种恰当感，这一行动在这一情境中就得到了辩护。

至于着眼于倾向之有限性的反驳，在金斯伯格看来则压根不构成问题。对于金斯伯格的倾向论而言，有限的倾向意味着行动者只能在有限的情境中对其中顺着此前一定数量的实例继续做出的行动产生恰当感，因此，对于一个超出行动者有倾向对之产生恰当感的行动，即便该行动实际上是正确的，它也无从得到辩护；而如果该行动实际上是错误的，行动者也仍将会对其无动于衷。然而，金斯伯格会欣然接受这一后果，因为在她看来，一个行动对于特定的情境而言恰当与否，与它根据规则判断正确与否并不对等。金斯伯格并不要求主体有能产生"不恰当感"的倾向，因此，无论是否超出倾向的限度，一旦恰当感付之阙如，那么无论这一行动根据规则判断正确与否，它都得不到辩护（Ginsborg，2011：243n21、246–247），而对于这些超出主体能对之产生恰当感的行动，金斯伯格会认为，可以允许它们在主体尚未掌握相关规则的阶段得不到辩护——对于这些无法借助恰当感判断的实例，最终需要借助规则来评判。

尽管金斯伯格的理论能够应对克里普克的两个反驳，它仍然有致命的缺陷。金斯伯格的错误之处在于，她一方面把由响应原初规范性的倾向所激发的恰当感视作一种原始的感觉；另一方面又主张这种倾向的实现基于主体对自身行动的反思和评判，由此造成了难以疏解的张力：

> ……但要附加这一条件：在实现那种倾向时，一个人认为自己是在做出原初意义上应有的回应。……这一规范性的附加条件在你的倾向中建立了这一特点：你倾向于给出的每个回应都涉及一个对其自身在你做出回应的语境中的恰当性的要求。（Ginsborg 2011，244）

这一规范性的附加条件要求主体能够"当作自己（的行动）是"在原初应当的意义上做出回应，这要求主体已经具备自我意识，能够反思、评判自己的行动，在下一节中我们将看到，这些都建立在高度成熟的智性能力之上。

　　至此的辨析表明，意向论和倾向论的真正困难并不在于解释关于或意图，或倾向的事实如何引导主体做出正确的行动，也不在于这些事实所关涉的心灵状态是否有限，而在于这些心灵状态的归属往往预设了主体的概念能力，而概念能力的习得与遵行规则又是一而二、二而一的，因此，关于这些心灵状态的事实难以从根本上解释遵行规则，意向论和倾向论根本找错了方向。意向论和倾向论之所以错失问题的要害，是因为它们试图正面回应克里普克的怀疑论挑战——找出能为遵行规则的行动辩护的、关于主体心灵状态的事实，而这一任务在克里普克看来是不可能的。克里普克视其如理所当然地承诺了这样一个"主论题"："无论一个人心里有什么，只有得益于其以多种可能方式之一被阐释，才得以划出超出心灵的事项加诸那些与之相符或不符之物上。"（McDowell，1998：270）然而，一旦看到我们其实并无良好的理据接受这一论题，克里普克的怀疑论挑战也就不攻自破。

　　首先，主论题会遭遇如下两难：如果任何心灵内容都要首先被阐释才谈得上与规则相符与否，那么即便是被视为对心灵内容的正确阐释本身亦须被阐释，依此类推，则心灵内容与规则之间的规范性关系永远无从建立；如果独断地假定阐释会停在某个一锤定音的"最终阐释"上，那么为何该处是阐释的终点将是神秘的。此外，维特根斯坦从这一两难中推出的是一个归谬式的结论："有一种把握一项规则的方式，它不是一种阐释。"（Wittgenstein，1958：§201）这一点克里普克则完全没能把握到。对此，哈泽做出了中肯的诊断：

　　　【主论题的】错误是，认为对一个概念的理解是对某种普遍实体的把握，并要进一步与手头的个例相联系。在基础的层次上，没有任何一个主体的心灵行为或状态可被刻画为对未被运用的规则、尚未被施用的概念的纯粹表征。理解一个概念的根本方式是在施用概念的行为中"展现"出来的：在肯定和否定中、在提出问题中，在形成意图中、在下达或执行命令中。（Haase 2009，280）

　　在维特根斯坦看来，一旦综观这些与概念使用的实践相关的周边环境，心灵内容无须阐释就有意义。概念性的内容进入心灵的方式是使我们通过"训练以始入一种习俗"（McDowell，1998：276），亦即进入这些概念使用的实践，而这种训练，对于个体而言，则是习得一种特殊的智性能力。

五　作为倾向的智性能力

一个行动是在对某个规则的遵行之下做出的，因为行动者掌握了这项规则，因而能够出于对这项规则的理解而行动，而这一行动正是其运用这一能力的结果。对规则的理解、把握，以及应用规则的能力，是一类高等习惯："运用规则的能力是实践的产物。这因此诱使人们主张，能力和技能不过是习惯而已。它们无疑是一些第二天性或获得的倾向，但由此并不能得出它们仅仅是习惯。"（Ryle，2009：30）赖尔称其为智性能力，并通过与纯粹的习惯相比照，阐明了智性能力的三个特征：

1. 纯粹的习惯是"单轨"的，也就是说，纯粹的习惯钝于环境的变化，一个纯粹的习惯在不同的情境中总有一成不变的表现；与之相反，智性能力则是"多轨"的，主体需要灵活地应对环境的变化，据此在行动上做出相应的调整。由此可见，遵行规则的能力是一种智性能力：如前所述，规则是普遍的，遵行一项规则不仅要求主体识认出施用该规则的场合，还要因地制宜地找到践行该规则的方式。

2. 纯粹的习惯通过机械重复即可建立，而出于智性能力多样的实现方式，外界的反馈对于智性能力的培养不可或缺。行动者需要根据外界的反馈评判、改进自己的行为，从而塑造起相应的智性能力。金斯伯格正确地指出，从盲目的死记硬背过渡到带有理解的行动，有赖于行动者自我评判的反馈机制，然而金斯伯格设想的恰当感无疑无法从一开始就提供引导，而只可能在训练中逐步培养出来。

3. 当出于纯粹的习惯行事时，行动者往往并不留心他正在做的事。与之相反，在发挥一项智性能力时，主体往往要想着他正在做的事，并且若非如此他就做不好。原因在于，智性能力是环境敏感的，主体要留心当下情境的特征，并对可能影响其表现的因素保持警觉。这使得智性能力的施展往往是一个个的意向行动，也因而带有意向内容。

纯粹的动物也能养成一些习惯，但却无法习得智性能力。智性能力的独特之处在于，它是一种"思想和行动的习惯"（McDowell，1996：84），这使得纯粹习惯的表现与智性能力的表现有了本质区别。遵行规则所要求的概念能力是一种与语言相关的智性能力："这种智性的相关项是一种为意义所特有的可理解性。"（McDowell，1996：72）由此，理解纯粹习惯的表现并不需要一种有别于理解出自本能行动的可理解性，但概念能力的表现则需要被置于"理由的逻辑空间"才能得到理解（例如，在§3中，我们用实践三段论的模式来理解意向行动）。

智性能力的施展带来的是一系列"展现出品质和智性特点的事件"（Ryle，2009：118），而一旦我们将这些事件视作智性能力的施展，则势必要将这些行动视作对意图的实现、对理由的回应、对规则的遵行等等，因而这些行动本身就承载了概念性的内容、具有一个不可还原的心灵面相。在这种意义上，当我们说遵行规则在于关于一种独特心灵状态的事实时，我们并非是在诉诸一些内在之域的神秘之物，而就是在说这些世界之中的发生之事。一旦将这一洞见带回视野，我们就能看到，具有智能、拥有一个心灵，不外乎具有一系列复杂的倾向。而对规则的遵行，则是有心智的主体具备的众多能力中的一种。

参考文献

Boghossian, Paul A., 2012, "Blind Rule-Following", Coliva, A. (ed.), *Mind, Meaning, and Knowledge: Themes from the Philosophy of Crispin Wright*, Oxford: Oxford University Press, pp. 27 – 48.

Ginsborg, Hannah, 2011, "Primitive Normativity and Skepticism About Rules", *Journal of Philosophy*, 108 (5), pp. 227 – 254.

Haase, Matthias, 2009, "The Laws of Thought and the Power of Thinking", *Canadian Journal of Philosophy Supplementary Volume*, 35, pp. 249 – 297.

Kripke, Saul A., 1982, *Wittgenstein on Rules and Private Language: An Elementary Exposition*, Cambridge, MA.: Harvard University Press.

McDowell, John, 1996, *Mind and World: With a New Introduction by the Author*, Cambridge, MA.: Harvard University Press.

McDowell, John, 1998, "Meaning and Intentionality in Wittgenstein'sLater Philosophy", *Mind, Val-*

ue, and Reality, Cambridge, MA.：Harvard University Press, pp. 263 – 278.

Ryle, Gilbert, 2009, *The Concept of Mind*, Abingdon, Oxon：Routledge.

Wittgenstein, Ludwig, 1958, *Philosophical Investigations*, Translated by G. E. M. Anscombe, Second Edition, Oxford：Blackwell.

Wright, Crispin, 2001, "On Making Up One's Mind：Wittgenstein on Intention", *Rails to Infinity：Essays on Themes from Wittgenstein's* Philosophical Investigations, Cambridge, MA.：Harvard University Press, pp. 116 – 142.

——, 2008, "Rule-Following without Reasons：Wittgenstein's Quietism and the Constitutive Question", Preston, John（ed.）, *Wittgenstein and Reason*, Oxford：Blackwell, pp. 123 – 144.

实践哲学
Practical Philosophy

身体性自我知识再探[*]

唐 浩（TANG Hao）[**]

摘要：本文是拙文《身体性自我知识初探》的后续，进一步探讨身体性自我知识，比如关于自己肢体姿势的知识。安斯康姆和麦克道尔都认为这种知识是"非观察"或"非感知"的，不同之处是麦克道尔走得更远——他为这个观点提供了更进一步的论证。本文主旨是反驳麦克道尔的这些论证，同时为以下观点扫清道路，即身体性自我知识是一种很特殊的感知性知识，特殊之处在于它同时也是一种自我知识。

关键词：身体性自我知识；麦克道尔；自体空间；自体感觉；接受性自我知识；触觉

Bodily Self-Knowledge（II）

Abstract：This is a sequel to my earlier discussion of bodily self-knowledge, such as knowledge of the positions of one's limbs. Both G. E. M. Anscombe and John McDowell think that this knowledge is "non-observational" or "non-perceptual", but McDowell provides additional arguments for this view. The aim of this

---

  * 本文获得国家社科基金项目"心灵与行动的哲学研究"资助，项目号：16BZX078。
  ** 唐浩，教授，清华大学哲学系（TANG Hao, Professor, Department of Philosophy, Tsinghua University, Beijing, China, Email：cogitang@ yahoo. com）。

paper is to undermine these arguments, so as to clear the way for the following view: bodily self-knowledge is a very *special* form of perceptual knowledge, special in that it is at the same time a form of self-knowledge.

Key words: bodily self-knowledge; McDowell; body-space; proprioceptive sensation; receptive self-knowledge; touch

引言

本文在拙文《身体性自我知识初探》（下文简称《初探》）基础上进一步探讨身体性自我知识，即我们在正常情况下享有的关于自己肢体的在场与否、姿势和运动状态的知识。《初探》中讨论了这种知识的若干特征，其中包括：它是"非观察"或"非感知"的，并且在一种特定意义上"没有内容"，即不包含对第二性质（secondary qualities）的感知。这里所涉及的哲学家主要是安斯康姆（G. E. M. Anscombe）和麦克道尔（John McDowell）。他们都持这两个观点，但麦克道尔走得更远——他为这两个观点提供了更进一步的论证。本文的主旨是反驳他的这些论证，同时为以下观点扫清道路，即身体性自我知识是一种很特殊的感知性知识，特殊在它同时也是一种自我知识。对此观点的正面论证将在后续文章中给出。

首先澄清一个术语翻译问题。笔者关心的身体性自我知识，英文是 bodily self-knowledge，也被称为 proprioceptive knowledge，笔者在《初探》中将后者译为"本体感觉知识"。但这个译法欠佳，因为"本体"容易让人想到本体论（ontology），但这并非笔者本意。所以从现在起改译为"自体感觉知识"（proprioceptive knowledge）"自体感觉"（proprioceptive sensation）等。①

一　身体性自我知识的内容：自体空间

《初探》中已经说明，身体性自我知识和自体感觉在特定意义上"没

---

① 感谢李国山教授指出"本体感觉"这个译法欠佳。此文中所有译文都由笔者本人译出。

有内容"，即不包含对第二性质的感知。但这并不等于说这种知识没有任何内容。那么问题便是：它有什么样的内容呢？比如，"我的右胳膊是弯的"有什么样的内容呢？

回答是：这首要的是一种**空间性**内容。因为"右"和"弯"都很明显是空间概念，"胳膊"也有空间性，因为胳膊就其本性而言是占据空间的物理实体。

更重要的是，这里的空间性内容涉及一种非常独特的空间（笔者在此谈"一种空间"时，是指对空间的一种理解，而不是指一种不同的空间。空间当然只有一个）。这种空间的独特之处，可以通过以下对照来说明。我们谈论空间的时候很多，比如在天文学中、在土木工程中，以及在日常生活中的很多地方（比如"走路去银行"）。这里涉及的空间虽然各不相同，但都是外在于身体性自我（bodily self）的空间，可以称为外空间。但是我的胳膊却内在于我的身体性自我，而且是在一种很强的意义上"内在于"，即我的胳膊以及我的整个身体都是有空间广延的物体，而且**我从里面知道它们是有空间广延的物体**。这种空间可以称为内空间或者"自体空间"（body-space），它的独特之处是同时具有内在性和空间性，而空间性在传统上往往是和外在性绑在一起的（比如在康德那里）。

欧乡那西（Brian O'Shaughnessy）对内空间和外空间有深入细致的讨论，这里只取他的一个基本论点并有所简化：自体感觉（proprioceptive sensations）和其他的身体性感觉（如疼痛）一样，都必然置于自体空间之中，必然以此空间为背景。换言之，当我们享有身体性自我知识时，我们所接受到的或被给予的不是一堆"赤裸的"、孤立的感觉，而是一个内容丰富而且不可割裂的整体，比如："在我右手肘内侧"的感觉。①

二　自体感觉是否存在：安斯康姆

但当我们享有身体性自我知识时，我们真的被给予了自体感觉吗？换

---

① O'Shaughnessy（2008：201）.

言之，真的存在自体感觉吗？

在回答这个问题时，让我们聚焦于最基本也是最重要的语境，即自体感觉力在日常生活中的正常运作（这是为了排除一些暂不需要考虑的特殊情况）。

安斯康姆有时对自体感觉的存在表示怀疑。下面讨论她的文章的一个段落，其背景是以下考虑。有时候一个人的腿虽然是伸直的，却误判腿是弯着的（这非常罕见，但确有发生）。意识到自己的错误之后，他很可能会说"我当时觉得自己的腿弯着"或者"我当时有自己的腿弯着的感觉"。安斯康姆说，这个现象：

> 容易让人觉得存在一个感觉（对应于一个蓝色色块的视觉感觉［…］），而这个感觉是我们判断自己身体姿势时的所予或者依据。有时候有这种感觉但却没有相应的姿势［…］所以我们便认为诸如膝跳反射感觉之类的感觉都必须原则上能通过其他词汇来描述［…］。①

这个引言不好懂，因为有不少省略，特别是省去了安斯康姆对上述考虑的批评，只保留了她批评的靶子。之所以这样省略，是因为安斯康姆的批评虽然很有效（所以这里不再讨论），但她在竖靶时却有一个盲点。

安斯康姆的靶子是如下想法，误判自己姿势的那些案例凸显了自体感觉的存在，而且自体感觉和五官感觉（比如视觉感觉）相似，其相似之处在于：自体感觉也有其独有的内在性质，并且这些内在性质原则上能通过其他词汇来描述，或者更具体地说，能通过类似于五官感觉中的第二性质（比如视觉中的蓝色）的词汇来描述。

安斯康姆的盲点在于她没有考虑以下可能性：自体感觉根本不涉及第二性质，而是需要通过第一性质（primary qualities）的词汇来描述。她的批评虽然有效，但完全不触及这种可能性。

三　自体感觉是否存在和起什么作用：麦克道尔

麦克道尔的观点和安斯康姆很接近，但他给出了进一步的理由和

---

① Anscombe（1981：73）。这里的"所予或者依据"翻译的是安斯康姆的"datum"。

论证。

麦克道尔认为，我们虽然有时候说"能感到"（have sensation in）自己的肢体，而且这种说法很自然，但这应该理解为说我们在肢体中"容易有"（susceptible to）某些感觉，而不是说我们当下实际有这些感觉（McDowell, 2011: 145）。换言之，他否认了自体感觉的现行性（actuality），退而只承认其潜在性（potentiality）。而这意味着身体性自我知识是一种"无感的"（anesthetic）知识。

在这点上麦克道尔和欧乡那西相左，因为后者认为在日常情况下我们肢体中确实有（当下就有）自体感觉，只不过这些感觉极度隐性（extremely recessive）。①

需要强调的是，麦克道尔和欧乡那西之间的这个分歧远远不止是一个现象学描述上的分歧，即自体感觉到底是确实存在但极度隐性，还是根本就不存在。因为这个分歧背后有更深的原因，涉及麦克道尔到底为什么认为自体感觉知识不是一种感知性知识。他的理由有两个，一个具有高度一般性；另一个要具体一些。

先考察他的一般性理由：因为自体感觉知识是一种自我知识，所以它不可能是感知性知识。这是为什么呢？他的论证如下。首先，感知性知识是一种接受性知识（receptive knowledge），但是要获得接受性知识，知识的主体必须被知识的对象所影响（affected by the object），而这一般来说要求对象和主体是不同一的。如果对象和主体是同一的（比如低头看见自己的腿时），那么接受性知识要求主体作为他者（as other）被认知。

麦克道尔的这个要求从概念上排除了接受性自我知识的可能性，因为自我知识就其本性而言必须是**从里面得到的**知识，也即主体必须**作为自己**（as oneself）被认知，而不是**作为他者**（as other）被认知。笔者认为麦克道尔需要为这个要求提供理由，但他没有提供任何理由，似乎认为这是接受性知识的一个内在要求，不必再为之提供额外的理由。

但接受性自我知识真的从概念上就不可能吗？

---

① O'Shaughnessy（2008: 178, 184, 186）. 欧乡那西关于自体感觉的观点从第一版到第二版有所变化，但在其现行性上没有变。

为了厘清这个问题，先暂时偏离主题去考察麦克道尔的另一个观点，即我们关于自己感觉（比如疼痛）的知识既非实践性的也非接受性的。他之所以提出这一观点是为了破除以下想法：知识要么是实践性的，要么是接受性的，没有第三种可能。他认为自体感觉知识正属于这第三类知识，但这第三种可能并不奇怪，因为它已经在我们关于自己感觉的知识（knowledge of one's own sensations）中实现了。

在这里有一个疑点：我们关于自己感觉的知识虽然不是实践性的，但似乎是接受性的，因为我们感受到一个感觉时是不由自主、被动的，比如我们只能忍受疼痛。对此麦克道尔的回应是：感受或忍受感觉，这的确是接受性的，但是知道自己有感觉，这不是接受性知识。为什么呢？因为：

> 感受到一个感觉和知道自己感受到这个感觉，并非两个不同的事实，并且前者通过影响主体而被主体认知。当我们感受到一个感觉时，我们的感官的确被影响了，但当我们知道自己有感觉时，并没有额外的影响（extra affection）。（McDowell, 2011: 143）

这个观点麦克道尔在别处也有不同方式的论述：我们的感觉是我们关于它的知识（awareness）的"内在直接宾语"或"内在直接受格对象"（internal accusative），它没有独立于此知识的存在。①

这是一个微妙而又重要的观点，凸显了感觉和其他很多也可以被感到的东西（比如兜里可以摸到的硬币）之间的区别。其区别是：硬币是否存在，独立于是否被感到，但感觉是否存在，不独立于是否被感到，比如**不感到疼就不疼**（注意：不疼和没有受伤是两回事）。我们可以引入一对术语来区分这两类情况：其存在不独立于其被感知的对象可以称为"内在对象"，其存在独立于其被感知的对象可以称为"外在对象"。

麦克道尔以上的观点确实说明了知识不限于实践性知识和接受性知识两种，至少还有上述的第三种知识。但这并不足以说明（麦克道尔本人也没有认为这足以说明）自体感觉知识属于这第三种。后面这个观点的基础还是他关于自我知识和接受性知识的构想：这些构想合起来就排除了接受

---

① McDowell (1996: 21-22).

性自我知识的可能性。他并未为这种排除提供进一步的理由。

但我们可以挑战这种排除。这里的关键（用刚引入的术语说就）是：自体感觉知识的对象和感觉不同，不是内在对象。这是因为自己的胳膊是否在场、其姿势如何、其运动状态如何……所有这些都独立于自己关于它们的知识。换言之，肢体和感觉不同，因为它们和心灵之间**有距离**（这种距离当然不是字面意义上的空间距离。下面将谈到"离心灵远"或者"离心灵近"，也不是字面意义上的远近）。

但如果肢体因此而是自体感觉知识的外在对象的话，我们必须马上强调指出：肢体并不像外感官对象（比如苹果）那样离心灵那么远、那么外在于心灵。因为如果那样的话，肢体或身体会成为一种完全陌生的、异己（alien）的对象，从而摧毁自体感觉知识的一个核心特征——它是一种**自我知识**。

所以这里应该得出的结论是：肢体或身体处在一种不远不近的**中间距离**，既不太远，以至于成为一种异己的存在（比如苹果）；也不太近，以至于成为心灵的一部分（比如疼痛）。这种不远不近的中间距离非常特殊。认识它对于理解身心之间的特殊关系至关重要。

特别的是，认识到这种中间距离就可以为**接受性自我知识**这个概念创造空间。一方面，因为肢体是物理实体，而这意味着它们离心灵足够远或者说足够独立于心灵，所以它们能够影响（affect）心灵的一种特殊的接受性（其神经生理基础包括所谓的"自体感觉受体"）；但另一方面，肢体离心灵没有远到或者独立到如此地步，以至于超出了自我知识的范围。这种特殊的、从中间距离而来的自我影响（self-affection），当它发生在一个合适的认知背景之中时，就给予我们从里面得来的关于自己肢体的知识。这便是接受性自我知识。

这个想法尚需进一步拓展和充实，但它至少不是不可能的。要坚持这个想法，需要在上面谈到的麦克道尔和欧乡那西之间的分歧上站在欧乡那西这边，即需要持以下观点：在日常生活中我们的肢体中确实有（当下就有）各种自体感觉。而且我们的确能够持此观点，因为麦克道尔的一般性考量并不能迫使我们否认这些感觉（当下）的存在。

我们还可以通过一个具体的例子，即**抽搐**这个现象，来强化对上述想法的信心。一种常见的抽搐就是俗话说的"眼皮跳"：眼睑不由自主的、间歇性的轻度跳动。伴随跳动的感觉一般很强烈、完全不隐性（recessive），但依然算是自体感觉，因为这些感觉使我们能从里面知道相关肢体（眼睑）的运动状态（跳动），而且它们（在安斯康姆的意义上）"无法分离描述"。

这种抽搐是否存在独立于主体关于它的知识，因为有可能（比如由于神经电流的扰动）抽搐未能（恰当地）影响到主体，以致于不能（恰当地）被主体的接受性记录下来。但是，当抽搐恰当地影响主体并且主体因此而知道其存在时（这是正常状态），主体的这种知识**同时既是接受性的，也是从里面得来的**。这就为接受性自我知识这个概念提供了一个具体的立足点。①

在这个节点上可能有人会提出以下诘难：自体感觉对于自体感觉知识来说，最多只在因果意义上起作用，但不在认识论意义上起作用。实际上麦克道尔本人就这么认为（McDowell, 2011：131 – 138）。

的确，如果自体感觉不在认识论意义上起作用，那么我们就没有权利说自体感觉知识是感知性的。

但是自体感觉确实在认识论意义上起作用——起提供理由（justificatory）的作用。这点其实已经在《初探》中对自体感觉力出错的讨论中出现过了，只不过现在才挑明。假设有人起先误以为自己的腿是弯着的，然后意识到错误。这时如果问他"你之前为什么认为自己的腿是弯着的？"他可以回答"因为我当时就感觉腿是弯着的"。这个回答为他之前的判断提供了理由（justification）。

因为这个回答是在为错误判断提供理由，所以算是一种开脱（此处是正当的开脱）。但在判断正确的情况下，这类回答就会起提供正面理由的作用。比如，假设有人知道自己的腿是弯着的。如果问他"你为什么（刚才）认为自己的腿是弯着的？"，他可以回答"因为我（刚才）就**感觉**如

---

① 这段中用了好几次"恰当地"，是因为一个对象要能成为接受性知识的对象，不仅仅需要影响知识主体，而且还需要恰当地影响，否则会出现基于反常因果链（deviant causal chains）的反例。

此"。这类问答虽然很罕见，但依然是在问求和提供理由。

值得注意的是，"因为我（刚才）就感觉如此"这类回答述诸一种**感觉**，而这种感觉和相关的**判断**在内容上是完全一样的（比如都是"我的腿是弯着的"）。这可能会使人生疑：一个内容相同的东西真的能为另一个内容相同的东西提供理由吗？回答是：的确能。这里我们可以通过扩展麦克道尔本人的观点来回应这个疑虑。他在其他著作中令人信服地论证了以下观点：我们的感觉经验的确能为内容相同的判断提供理由，比如：看起来"前面有棵绿树"这个视觉经验能为"前面有棵绿树"这个判断提供理由。（McDowell，1996）

麦克道尔这个观点的原初语境是外感官经验（如视觉），涉及第二性质（如颜色）。但是因为他并未成功论证自体感觉知识是"无感的"（anesthetic），同时因为在上述自体感觉语境中"感觉"或"刚才感觉"看起来确实指称**感性**（sensuous）经验，所以我们就有权利把他的原初观点扩展到自体感觉语境，即自体感觉经验和与之相应的判断在内容上相同并不妨碍前者能为后者提供理由。总结起来说就是：在自体感觉语境中，**感觉**如此也可以是**认为**如此的理由。

四 艾耶尔斯—麦克道尔论断

麦克道尔的上述一般性考量还被他用来强化一个更具体的论断。我们可以称这个论断为"艾耶尔斯—麦克道尔论断"，因为它是麦克道尔从艾耶尔斯（Michael Ayers）那里取来的（但用法不同）。这个论断说：

> 没有对第二性质的感知，就没有对空间属性的感知。（McDowell，2011：140）

有了这个论断，我们就可以为麦克道尔关于自体感觉知识的观点总结出一个简洁的论证：

> 前提一：对空间属性的感知需要对第二性质的感知。（艾耶尔斯—麦克道尔论断）

前提二：但在自体感觉知识中没有对第二性质的感知。（特殊意义的"没有内容"）

前提三：然而通过自体感觉我们确实知道自己身体的种种空间属性。（基本事实）

结论：自体感觉知识是非感知性知识。

这个论证是有效的，但它的第一个前提，即艾耶尔斯—麦克道尔论断，有驳斥的余地。

这个论断背后的想法是：对空间属性的感知必须在**质感上以对第二性质的感知为中介**。这点确实适用于视觉。因为如果感知不到专属视觉的第二性质，即颜色，就感知不到空间属性。比如：看不到任何颜色的话，就看不到一个圆盘。这个想法也适用于听觉。比如：听不到任何声音的话，就听不到**从右边传来的**雷声（笔者将不讨论嗅觉和味觉，因为我们只能在很单薄的意义上能通过它们感知到空间属性，所以它们的理论价值很小。触觉下面会讨论）。

但问题是：为什么对空间属性的感知必须以对第二性质的感知为中介呢？特别的是，为什么不能以对**第一性质**的感知为中介呢？笔者将在后续文章中论证，要正确理解自体感觉知识的本性，正需要后面的这种可能性。

麦克道尔完全没有考虑这种可能性。这不奇怪，因为这种可能性被艾耶尔斯—麦克道尔论断排除在外了。麦克道尔还认为这一论断被他关于自我知识和接受性知识的一般性考虑支撑着。但上文已经说明，这些一般性考虑并不完全令人信服。

剥去这层一般性保护之后，我们就可以直接地审查艾耶尔斯—麦克道尔论断。我们将看到，这个论断只适用于某些形式的感知（视觉、听觉），但并不适用于所有形式的感知。笔者将在后续文章中论证，自体感觉知识是一种特殊形式的感知性知识，艾耶尔斯—麦克道尔论断对它并不适用。不过这是后话，这里需要论证的是：艾耶尔斯—麦克道尔论断对触觉不适用。这一点对该论断是致命的，因为无人能否认触觉是一种感知。

下面这个简单例子将说明，在触觉中我们能够不借助对第二性质的感知就感知到空间属性。设想我蒙着眼睛用手摸索，发现面前有个障碍物（可能是堵墙），而且它的表面是**平的**。我感知到的空间属性有二：一是"**在我面前（大概半个胳膊的距离）有个障碍物**"，二是"**它的表面是平的**"。那么我具体是如何感知到这两个空间属性的呢？

首先需要指出：不必通过对第二性质的感知。在摸索过程中，手上一般会有各种感觉，通过这些感觉能感知到障碍物表面的冷热、干湿等等。这些性质是专属触觉的第二性质。但对空间属性的感知并不需要依赖对这些属性的感知，因为不难想象：即使我的手与这些第二性质隔离开来（比如我戴了用特殊阻绝材料制成的手套），我依然能够感知到上述空间属性。

如果这是对的，那么我又是如何感知到这些空间属性的呢？具体地说，如果不依赖于对第二性质的感觉，那又依赖于什么感觉呢？（注意：感知需要依赖于至少**某种**感觉。）

回答是：我是通过对压力、张力等的感觉而感知到这些空间属性的。展开来说：我之所以发现**我面前有个障碍物**，是因为我对它施加压力并发现它在抵挡我的压力，而这个发现显然依赖于各种对压力、张力的感觉。同样，我之所以发现障碍物表面是**平的**，也显然依赖于这一类感觉，只不过此处的感觉多半不如发现前一个空间属性所依赖的感觉那么强烈，在自体空间中的分布也要窄一些。

这里的关键点是：我通过对压力、张力的感觉而发现的感知对象的性质是种**第一性质**，即**坚实性**（solidity），而且我对上述两个空间属性的感知正是以对这个性质的感知为中介的。具体说，我正是通过感知到**坚实性在自己周边有种特定的空间分布**而感知到自己面前有个障碍物的：我在自己正前方（大概半个胳膊的距离）碰到坚实的东西，在摸索障碍物表面时也在略偏正前方的方向上碰到坚实的东西，但在那个表面和我自己之间没有碰到任何坚实的东西。类似地，我也是通过感知到一个不同的（但相关联的）坚实性空间分布而感知到那个表面是平的。

坚实性有程度差异，而且和其他若干第一性质联系紧密，比如延展性和易碎性。要理解关于这些第一性质的概念，必须得有"压力""张力""撞击""扭矩"等概念，而这些全部都是**力**的概念。这也正是我们应当期待的，因为力是宇宙中一个非常基本的第一性质。

由上可见，艾耶尔斯—麦克道尔论断在触觉上翻了船，不适用于所有感知形式。但这并不意味着对空间属性的感知不需要任何质感中介（qualitative mediation）。笔者认为，的确需要质感中介，否则我们没有权利把自体感觉知识视为一种感知。但是没有理由像麦克道尔那样，认为质感中介只能通过对第二性质的感知来完成。

这里正确的论断是：要感知空间属性的话，必须把空间感知为被某些性质"填满"（qualitatively "filled"）。具体说，在视觉中空间必须被感知为被颜色"填满"，在听觉中空间必须被感知为被声音"填满"，在触觉中空间必须被感知为被不同程度的坚实性"填满"①。

这个修正后的论断不仅适用于常说的五官，也适用于自体感觉知识。不过要论证这点，需要回答一个关键问题：在自体感觉知识中，空间，即自体空间，到底被感知为被**哪种**性质"填满"？对这个问题的回答留待将来。

参考文献

Anscombe, G. E. M., 1981, "On Sensations of Position", *Collected Philosophical Papers*, G. E. M. Anscombe, Oxford: Basil Blackwell, pp. 71 – 74.

McDowell, J., 1996, *Mind and World*, Cambridge（Mass.）: Harvard University Press.

——, 2011, "Anscombe on Bodily Self-Knowledge", *Essays on Anscombe's Intention*, eds. Ford, Hornsby, and Stoutland, Cambridge（Mass.）: Harvard University Press, pp. 128 – 146.

O'Shaughnessy, B., 2008, *The Will, A Dual Aspect Theory*, vol. 1, second edition, Cambridge: Cambridge University Press.

唐浩，2017，《身体性自我知识初探》，《哲学动态》2017 年第 4 期，第 73—79 页。

---

① 这种"填充"往往需要主体进行历时性综合。这是个重要话题，但此处无需进入。

论艾利斯·杨的差异政治学在西方马克思主义中的定位问题[*]

罗伯中（LUO Bozhong）^{**}

陈妤迪（CHEN Yudi）^{***}

摘要： 艾利斯·杨的差异政治学与多元文化主义理论有着本质的区别，文化差异只能在政治的框架下去理解；杨的性别理论并不是马克思主义的女性主义理论，而是历史唯物主义框架下的女性观，隶属于马克思主义的整体视野；杨对经济／文化二元范式、平等的政治范式的批判是基于历史唯物主义视角对经济主义和物化价值观的批判，与马克思主义对文化的看法一脉相承。杨有关分配正义的批判、剥削和文化帝国主义等压迫理论和差异政治观念都应该被视作对马克思核心理念的坚持及在当代西方复调时代下的理论发展。

关键词： 多元文化主义；差异政治学；社会主义女性主义；历史唯物主义；正义

---

* 本文属于"马克思中期政治哲学的文本学研究"（17BZX030）的阶段性成果。

** 罗伯中：男，1976 年 8 月，湖南长沙人，副教授，硕士生导师，博士，毕业于复旦大学哲学系，现任教于湘潭大学哲学系。主要研究马克思哲学、现代西方哲学等（LUO Bozhong, Associate Professor, Department of Philosophy, Xiangtan University, Xiangtan, Hunan, 411105, email：luobozhong@126.com）。

*** 陈妤迪：女，1994 年 6 月，广东肇庆人，湘潭大学哲学系外国哲学专业硕士研究生（CHEN Yudi, MA Student, Xiangtan University, Xiangtan, Hunan, 411105, email：937605815@qq.com）。

On the Theoretical Position of Iris Young's Politics of Difference

Abstract：The politics of difference of Iris Young has an essential difference from multiculturalism theory which has to be understood exclusively within the framework of social differences；Young's gender theory should not be regarded as Marxist feminism，but a historically materialistic female view within Marxism which is a holistic system；Young's critique of economic/cultural dual paradigm and equal political paradigm is based on historical materialism，which is consistent with a Marxist's view on culture. Therefore，Young's theory is in fact a kind of Marxism which is answerable to justice in the post-modern western society.

Key words：multiculturalism；the politics of difference；socialist feminism；historical materialism；justice

近三十年来艾利斯·杨（Iris Young）的"差异政治学"（The Politics of Difference）在全球政治哲学界产生了极大影响，毕业于芝加哥大学的政治学博士、杨的华人弟子、台湾中央研究院学者陈嘉铭先生就曾说道："如果上个世纪八〇到九〇年代论述正义的关键字是差异，本世纪头十年论述民主的关键字无疑是涵容。当代没有一本讨论差异和涵容的著作可以跳过杨的论述。当代也没有一位政治哲学家，将差异和涵容这两个理念的底蕴阐明得比杨更贴近那些边缘、无力、被剥削和歧视的人们的社会生命处境。"甚至可以说杨的代表作《正义与差异政治》"摘下了九〇年代正义论述的桂冠"（陈嘉铭，2017）。然而，目前学界对杨的差异政治学的理论性质并没有清晰的认知，有的学者将它当作多元文化主义，另外一些学者把它当作偏离了马克思主义的女性主义。我们不能混淆文化差异与社会差异，不能因为杨既重视社会差异又重视文化差异，就断定其理论是多元文化主义；我们也不能因为杨既重视性别问题，又重视马克思主义，就断定其理论是隶属于女性主义理论的马克思主义分支。我们应该认识到杨的理论属于"西方马克思主义"中"适合于西方社会的发展了的马克思主义"，而非偏离了马克思主义的、具有资产阶级性质的"西方马克思主义"。

一　杨是多元文化主义者吗？

由于杨的差异政治学与当代流行的多元文化主义和承认政治在许多诉求上有若干重叠之处，许多学者将她当作多元文化主义的重要代表人物。亚当·泰布尔（Adam Tebble）是当代差异政治学的著名批判者，他认为，尽管杨试图将自己与多元文化主义者区分开来，但这种区分并不成功，她最终还是一个多元文化主义者。其理由是：首先，与多元文化主义一样，杨的差异政治学非常强调社会由差异性群体构成；其次，杨对社会群体的"去本质化"要求在实践中会与政治中"优先代表权群体"（prioritised representation groups）的制度设计相冲突，如果杨坚持压迫发生在群体而不是个人身上，她就只能像多元文化主义者一样，承认社会群体是原子式的本质性存在，而这样做的结果要么使其"去本质化"的理论计划落空，要么使差异性的个人因不能融入本质性的群体而完全丧失政治主体的能力（Tebble，2002：266）；最后，杨的差异政治学呼吁民主尽可能地接纳更多公民群体，为新兴社会运动（如女性主义运动、同性恋游行等）呐喊，这些新兴社会运动都重视公民的多重身份，但"相对缺乏对经济分配问题的关注"，都是"当代文化政治"的典型例子，是多元文化主义的经典议题（Tebble，2006：463）。索菲·格拉尔·德拉图尔（德拉图尔，2017）和国内学者宋建丽（宋建丽，2009）等也持类似观点，他们都认为杨是一位多元文化主义的代表人物。

杨在其早期理论中的确未能足够强调差异政治学与多元文化主义的差别，《正义与差异政治》多次提到了"结构性"概念，也提到了文化差异之外的地位差异等概念，但并没有详谈文化差异与政治差异的区分。不过，杨在后期理论中专门针对学界将她定义为多元文化主义者的误解进行了回应，明确将差异政治学与多元文化主义区分开来。杨同意泰布尔关于身份政治通常与文化政治相关的观点，杨也认为多元文化主义政治是一种"身份政治"（杨，2013：163），各种社会运动有时的确需要发展一种身份政治来增进团结、推进政治进程，但她的差异政治学完全不同于多元文化主义。具体理由有如下几点。

首先，针对泰布尔将差异政治学归为多元文化主义的观点，杨指出前者区别于后者的地方是前者重视社会群体的差异，而多元文化主义则重视文化群体的差异。她明确地提出，社会群体概念"是那种与文化群体截然不同的结构性群体的概念"（杨，2013：115）。这种"截然不同"体现在三个方面。第一，差异政治学的社会群体概念是一种结构性群体概念，强调结构性的压迫关系，反映社会地位的不平等，而多元文化主义强调的文化群体的差异则未必与社会地位相关。它们之间的区别是显而易见的。第二，文化群体的成员共享着同一种沟通与选择情境，这是使群体成员对话与团结成为可能的条件，因此，文化群体具有独立和排他的特点；而结构性群体则显得松散，它由相互交叉的多种社会关系构成，群体成员也不共享任何既定的本质属性，他们对自身的定位依赖于对差异的发现，因此它可以超越文化群体。第三，差异政治学坚持从一种"去本质主义"的立场来理解群体概念，尽管某个人的群体身份都是既定的、先在的，影响重大，但个人是积极的行动者，在他出生的群体里，他能积极地体验、辨识和不断改变着自己与他人的关系，个人身份并不是由群体决定的，而是在其各种社会关系的实践经验中积极地形成的。杨强调："个体与群体所具有的关系并不是身份认同的关系。"（杨，2013：125）我们应当将社会群体理解为关系式的存在，它虽然具有重大影响，但并不规定个人的身份认同。

其次，针对泰布尔认为差异政治学的诉求都是文化诉求，而非经济诉求的说法，杨明确认为这是泰布尔对差异政治学的误读。杨承认各种政治群体都建立在或强或弱的文化认同基础上，但杨认为不能将政治诉求还原为文化诉求。民主的关键并非多重身份的承认问题，民主的参与者是受到政治影响的具体的人，而非"各种身份"。（杨，2013：17）杨说道："那种发生在具有文化差异的群体之间的冲突的理由大部分都不是文化方面的。"（杨，2013：115）第一，在差异政治学看来，各种政治运动中提出的文化诉求总是与资源分配和社会权力结构等问题联系在一起，政治行动必然关系到比文化差异更重要的宰制与压迫问题，而宰制与压迫是文化差异与性别差异、种族差异、阶级差异和能力差异等结构性差异共同作用的结果，由结构性不正义所引起的政治运动要求获得法律公正、机会平等和政治包容，这些诉求不能被多元文化主义的承认诉求所取代。第二，杨虽然反对分配范式，但"分配"不等于"经济"，她并不反对正义理论中的经济议题，更不认为正义与经济领域无关。她甚至认为经济领域的阶级关系才是差异政治学所关注的结构性关系的范式（杨，2013：120），差异政治学重视的劳动分工、决策权、分配的条件等等问题都属于经济领域，她认为，这些事物塑造了人们的分配观念，比分配决策更具有逻辑优先地位。

最后，杨的差异政治学与多元文化主义在政治目标和实践过程完全不同。在政治目标上，多元文化主义者通常希望将自治作为差异性群体的主要保护措施，呼吁强势族群承认和补偿弱势民族。但杨不赞同这一思路，她提醒我们认真对待权力分配话语的欺骗性，它让我们错误地以为只要对权力进行分配、去中心化，就能实现权力的多元化赋权。在她看来，尽管当代福利资本主义社会的权力已呈现出高度弥散化的状态，但结构性的宰制和压迫仍然牢牢地规定着社会关系。（杨，2017：38）所以，问题的关键不是群体间的权力分配，而是社会权力结构的生产和再生产。在实践过程中，文化多元主义比较适合代表制民主按照群体的本质同一性来遴选议会中的功能团体，它们的确会否定杨"反本质主义"的身份认同观念在实践中的可行性。杨认为文化多元主义者与泰布尔对她的指控是一致的，但他们关于社会群体与代表制民主之间的关系的看法存在问题，即如果他们认为社会群体是本质性存在，那么他们就常常会忽略群体内部的差异；如果他们否认社会群体是本质性存在，那么他们难以选出代表。为此，杨认为我们需要改变对民主制的看法，应该将民主政治的运作过程与决策时刻区分开来，将它看作是授权、代表和负责三个"时刻"以及连结这三点的

"时间线"组成的循环过程，群体成员在每一个时刻都达到共识，但该群体在某个具体时间点上的本质性并不摧毁它们在整个过程中的关系性与流动性。（Young，1997a）

　　杨关于差异政治学和多元文化主义存在本质性区分的观点在其《多元文化的统一体：威尔·金里卡的族群—民族二分法批判》一文中也有论述。以金里卡为代表的多元文化主义理论认为，承认少数群体的特殊权利与追求自由主义的个人自主是相容的，仅当集体权利被理解为对个人的管控时，它们才会产生矛盾，这一矛盾可以通过"民族自治"和"族群保护"的方式解决。而杨认为金里卡的观点不恰当。首先，"民族"和"族群"不仅在外延上无法覆盖所有文化族群类型，而且在内涵上也无法完全区分开来。其次，这种二分法以"民族"为政治的基本单位，它在寻求内部统一的不仅难以容纳多元文化，还会强化主流群体的固有权利。最后，金里卡将少数族群的诉求归结为融入主流文化或公民社会，杨认为，少数族群通过融入主流社会来获得对特殊性的承认，这是一种矛盾的、不符合现实的观点。因此，杨要求人们抛弃"民族"和"族群"的二分法，转而采取"系列"（seriality）的视角，将不同社会群体间的区别看作亲缘程度的区别，而不是不同范畴间的区别。（Young，2010）杨希望，通过抛弃"民族"概念的本质性理解，去除人们对"主流"与主流民族联系的刻板印象，打破固有权利的主体界限，从而使边缘群体避免落入"融入主流"的结局。

二　是马克思主义的女性主义？还是马克思主义性别观？

　　国内外的差异政治学研究者都承认杨充分利用了马克思主义的思想资源，马克思对社会结构的批判、对物质生活条件的重视和人可以自我决定、自我发展的观点深刻地影响了杨（马晓宇，2010），但是他们认为，杨过分依赖于多元文化主义和后现代主义的框架，这使她的思想偏离了马克思主义，转变为多元文化主义和女性主义。我们已在第一部分详细讨论了杨的理论与多元文化主义的关系，本节我们将集中讨论杨对女性问题的研究与马克思主义的女性主义的关系。

杨专门写过分析女性历史命运和性别权利的著作，如《像女孩那样丢球——论女性身体经验》等，她关注女性的命运，维护女性的权益，对很多女性主义作品也有深刻的研究，但我们并不能像一般学者那样轻率地断定她是一个马克思主义女性主义者。我们知道马克思主义的女性主义通常同时批判资本主义制度和男权制，他们通常会认为马克思主义只重视了资本主义批判，但忽视了性别批判；而女性主义只批评男权制，但忽视了资本主义批判。他们希望将这两者结合起来，因此这种理论被称为双重制度理论。根据杨的描述，双重制度理论发源于女性主义与激进左派的决裂，其理论目标是用性别歧视的社会分析来补充马克思主义的阶级社会理论。（Young，1997a）杨也曾是这一阵营的成员，曾将女性的希望寄托于双重制度理论，但到了1980年代，杨的态度发生了明显的转变，她开始批判双重制度理论。她认为此理论反映了马克思主义的女性主义者在坚持资本主义批判的传统下保持女性独特性的愿望，但此理论的积极价值非常有限。在她看来，如果人们接受这一双重制度理论，那么他们就"把一副双重担子放到把自己等同于社会主义女性主义者的人肩上，而这是不能直接放到其他社会主义者的肩上的"（杨，1997）。如果人们拒绝承认女性压迫在资本主义社会中占据中心地位，那么他们就会将女性解放问题归为女性主观意识的觉醒问题，而不是男性也要去认真对待的性别制度问题。如果要让所有社会主义者都认真对待妇女问题，那么理论家们就必须从社会运作机制的角度说明妇女问题是资本主义社会压迫的中心问题。为此，杨明确提出，"阶级、统治、生产和分配关系以及妇女受压迫的现象是同一社会经济体系的各个方面"，"妇女的劳动在任何生产系统中都占据中心地位；性别划分是所有迄今存在的社会结构的基本轴心；性别等级制度是大多数社会统治体系中的一个关键因素"（Young，1997）。因此，杨的差异政治学并不是在传统马克思主义之外附加一种父权制批判，而是一种包含女性视角在内的、以人民参与为政治目标的历史唯物主义理论。

杨是作为女性主义者改造传统马克思主义理论？还是作为马克思主义者研究性别议题呢？我们可以借助杨对海蒂·哈特曼（Heidi Hartmann）

的评论解决这个问题。哈特曼认为父权制渗透在社会生活的方方面面，在这种制度条件下，男性在性别分工中控制了女性的劳动，女性被排除在生产资料的生产过程之外。哈特曼的这些观点虽然与马克思主义对物质资料生产与人类自身再生产的分工理论有共同之处，但哈特曼坚信父权制是不同于资本主义制度的独立统治体系（杨，1997），马克思主义无法批判父权制问题，所以，资本主义批判理论和女性主义理论必须结合起来。杨认为哈特曼的性别分工理论开启了双重制度理论的新阶段，具有重要的理论意义，但她并不同意哈特曼关于父权制在资本主义社会中没有根基的观点。在杨看来，资本主义的父权制固然延续着历史上由来已久的性别压迫，但它在资本主义社会中还有其资本主义时期的独特本质和根源，也就是说，资本主义父权制是一个独特的完整系统，而不是两个系统的偶然结合。杨认为，哈特曼区分资本主义批判与性别批判的观点，一方面使她对资本主义的批判陷入了一种"性别盲"误区，而这种局限性实际上延续了自由主义和传统马克思主义者将资本主义的固有趋势理解为劳动力均质化的观点，另一方面也使他形而上学地对待了性别问题，没有发现性别问题的历史演变和社会根源，从而让人们误以为"只有独立的父权制的作用才能解释为什么女性长期处于从属和不平等地位"（杨，1997）。

为了改造哈特曼的性别分工理论，杨借助海蕾斯·萨菲奥蒂（Heleieth Saffioti）的学说提出，资本主义的本质并非均质化的人类劳动，当代父权制与资本主义社会的运行机制密切相关。一方面，资本主义经济的波动性使被雇佣人数也具有波动性；另一方面，在相当长的一段时期内，社会的总人口保持着相对稳定的数量，不会发生波动。这两方面的矛盾状况常常通过边缘化女性在生产劳动中的地位来实现，资本主义社会一方面将女性劳动力理解为生产过程中的次要劳动力，另一方面将将女性与育儿等家庭服务联系起来。这两方面互相补充，共同导致了女性的低工资、低地位的局面，这是资本主义父权制不同于前资本主义时代的父权制的独特之处。基于这种情况，杨说道："资本主义制度下存在的压迫妇女的特殊形式是资本主义的本质所必需的。"（杨，1997）这样，杨在资本主义社会的生产结构中发现了当代的父权制的根源，说明了资本主义社会的女性工人永远不可能与男性工人"均质化"的状况，从而证明了父权制批判必然是资本主义批判中的核心环节之一，女性解放的斗争必须与反资本主义的斗争一起，成为一种统一的社会行动。通过这种理论梳理，杨扭转了女性主义通常对马克思主义理论的批评，证实了"性别盲"并非马克思主义理论本身无法避免的缺陷。现在，情况已经非常清楚，杨并不是作为一个女性主义者吸取或改造马克思主义的资源，而是作为一个马克思主义者将劳动分工的研究深入到性别研究之中，杨对双重制度理论的批判非常契合马克思主义的精神，也与马克思对"劳动后备军"这一阶级的描述完全相融。不仅如此，杨也提出女性主义历史唯物主义必须是马克思主义的，始终坚持"把劳动活动的结构和从劳动活动中产生的关系作为社会现象的决定因素"（Young，1997a）。这完全符合马克思主义的社会分析方法论。玛丽·霍克斯沃斯（Mary Hawkesworth）评价杨的理论是对马克思主义阶级理论的扩充，是一种"强大而有说服力的女性主义的历史唯物主义版本"（Mary Hawkesworth，2008）。这完全符合马克思主义的社会分析方法论。玛丽·霍克斯沃斯（Mary Hawkesworth）评价杨的理论是对马克思主义阶级理论的扩充，是一种"强大而有说服力的女性主义的历史唯物主义版本"（Mary Hawkesworth，2008）。

三 反经济/文化范式和平等价值就是反马克思主义？

很多学者认为杨的学说主题在 1980 年代末到 1990 年代初经历了一次转变，杨在 1990 年代以后"避开了明确的马克思主义术语和'总体'理论的语言"（Hawkesworth，2008），其中一个表现便是不再采用经济/文化二元范式，也不强调平等价值观，转向多元化的差异理论。这一理论"转向"引起了南茜·弗雷泽对杨的批评，也让很多我国学者批判她背离了马克思主义。传统的马克思主义主流理论的确非常强调经济/文化的区分，重视平等价值，但无论就马恩思想内容而言，还是就马克思主义在后现代境况下的发展而言，马克思主义具有远比经济/文化的二元范式和平等价值观更为重要的思想内容，我们不能因为杨放弃了该范式和平等价值，就断定她偏离或背离了马克思主义。

首先，杨对经济/文化二元范式的批判工作并非开始于"转向"之后。

在早年对双重制度理论的批判中，杨就提出："女性主义唯物史观必须是真正的唯物主义理论……我理解的唯物主义解释会考虑植根于真实社会关系的意识现象。"（Young，1997a）她认为文化和态度等意识现象都是塑造特定社会结构的核心要素，经济结构也要通过文化范畴才能转变为人们的自我认识。我们在讨论性别分工时总会涉及到对"劳动"的理解和对不同劳动的态度，这些理解和态度也会反过来影响社会分工，从而影响社会性别制度的运作。所以，唯物主义并不只关注经济问题，它也承认文化与经济共同构成了社会的物质结构。杨的这些观点最早出现在对双重制度理论的批判过程中，与其所谓转型后的理论没有本质差别。

其次，结合当代西方社会的多种压迫状况，杨对政治经济/文化二元范式的批判是因应时代潮流发展马克思主义的体现，并非对马克思理念的背离。

按一般学者的看法，与杨相比较，弗雷泽代表了更加"传统"的社会主义策略，她强调经济与文化之间的相互渗透，坚持经济正义优先，其理论属于传统的"经济基础/上层建筑"二分范式。杨不满足于此范式，她希望以"压迫的五张面孔"去取代它，为了寻求更加包容的民主制度，她希望将经济与文化两方面融合起来。她认为，政治经济要通过文化才能成为物质范畴，同时，所谓"文化"因其存在于上层建筑的生产与分配过程之中，它变成了经济的一部分。（Young，2008）这些观点与传统马克思主义主流观点的确有很大差别，似乎明显地背离了马克思主义传统，有些学者对杨偏离马克思主义的批评看似有一定依据。

然而，马克思并不是一个形而上学家，他一直反对别人将他的理论阐释为经济主义，他对经济基础与上层建筑之间的区分隶属于其历史唯物主义的总体性原则，我们不能简单地凭某人是否以二元论的方式坚持经济的优先性就确定他是否是马克思主义者。弗雷泽提出，新兴社会运动中的承认诉求阻碍了政治经济/再分配领域中的公平，资本主义社会已经将我们置于经济领域与文化社会领域相互对立的情境中，我们只有采用政治经济/

再分配与文化/承认的二元视角才能应对今天的社会问题。杨认为弗雷泽夸大了这两种范畴分离的程度,"真正的唯物主义理论"应当从社会结构—过程(social-structural processes)这一整体的角度同时考虑二者。借助从马克思到卢卡奇的物化理论,再到萨特的实践—惰性理论和激进女性主义对文化符号的反思成果,杨探寻出一种新的、更具总体性的物质概念。在她看来,物质概念并不是与自然物质或经济利益相关,而是与社会行动相关,任何社会行动都会留下客观的痕迹,随着时间的推移,这些活动的痕迹就具有了类似自然物的、不可轻易改变的客观制约作用,从而具有了物质性。(Young,2011:154)在她看来,当下文化与社会规范也是过去集体实践活动的痕迹,它实实在在地规制着当下实践的方式与目标,不合理的文化对社会中的弱者产生真实的、具有物质性力量的压迫,因此,任何反抗压迫的社会运动都应该是真正唯物主义者关注的正义问题。杨对物质概念的界定与马克思对"实践的唯物主义"的界定是一致的,冲破了将唯物主义与经济主义相关联的刻板印象。

杨在批判经济基础/上层建筑二分法时所坚持的物质实践观点不仅与马克思相关,而且也与列宁、葛兰西、毛泽东等人的学说相关,在西方马克思主义中,这种观点也与威廉斯、阿尔都塞等相关,但不同于教条主义的马克思主义教条主义者所谓的"上层建筑"通常是指以被决定为特征、包含所有文化活动和意识形态活动的单一领域;而"基础"则是固定的静态的对象,是"资本主义经济关系意义上的首要生产"(威廉斯,1999)。而马克思主义者否定"上层建筑"的消极"被决定性",也否定物质基础就是资本主义经济活动,反对将唯物主义当成经济主义,他们非常重视政治和文化对社会的能动反作用,重视文化批判和文化革命的意义,他们将社会的"基础"当作一个过程而不是一种状态,在这个过程中,"文化"与社会"基础"的融合起来了。20世纪的历史也证明了杨的观点的合理性,一方面,重工业经济的发展一直与重视重工业的文化联系在一起;另一方面,文化本身也成为了一种广义的生产力,而不是次要的上层建筑,20世纪不仅出现了文化产业,而且消费文化也成为了当代生产力发展的驱动力之一。

最后，分配平等虽然是马克思主义的重要价值，但并不是最高价值，杨反对平等的分配范式就是为了将历史维度引入政治哲学之中，这符合马克思主义的基本观念。一般认为，分配平等是马克思主义的重要价值，弗雷泽也正是据此批评杨的差异政治学会导致纠偏政策，从而损害分配平等。然而，杨认为在现实实践中，追求平等的人很少去反对被弗雷泽视作文化承认的纠偏行动，更不会认为纠偏行动是错的，原因在于，追求平等的人知道，我们所受的首要之恶不是歧视而是压迫，压迫境况所造成的持续性影响使我们必须超越当下分配平等的诉求。（杨，2017：235）杨之所以批评分配平等的正义观，主要是因为分配正义的政治哲学范式只关注抽象的最终结果，忽略人类主观能动性的生产过程，也忽略了不同分配策略得以实现的社会条件，这样的范式缺乏历史与政治维度，具有非历史的形而上学倾向。

杨认为，在现实生活中，分配范式主导下的福利资本主义制度通过去政治化的策略，强调精英主义制度设计的重要性，将一部分人排除在劳动决策与社会制度的生产之外，剥夺了他们参与社会进步过程的资格。从这个角度上看，分配范式与资本主义社会制度合谋，强化了当前社会的物化。不过，杨强调，尽管过去行动的"物质化"结果制约着当今的行动，但是这一物质化结果仍旧是源于集体的选择与行动，在这种意义上，结构性的现实并没有消解集体行动的自由，因为异质性群体中的人们面对这些"客观"条件都会做出不同选择，并通过与他人的合作而重复或者颠覆当下物化的社会关系。（Young，2011：55）而这种集体行动究竟是重复还是颠覆物化的资本主义社会关系，就取决于人们是否认识到了整个社会权力的生产图景。杨认为，要实现物化条件下自由的集体行动，改变社会压迫的现象，就必须必须重视差异化的社会结构和过程，放弃基于个人主义的平等分配范式，尤其要放弃此范式的个人主义权利与责任预设，因为它既否认了社会结构对行动者的制约，也为行动者逃避正义责任制造借口。杨呼吁用社会联结模式的权利责任观代替分配范式下的权利责任观。在她看来，在社会联结模式的权利责任观之下，人才能在劳动生产与创造历史的过程中成为真正行动的主体，只有确立了社会联结模式的权利责任观，我们才会重视那些具有伤害性的社会结构，也才能发现集体行动的可能道路和策略。

杨上述反对平等分配的观念与马克思反对近代资产阶级的平等法权观念完全一致，马克思在《资本论》《哥达纲领批判》等文献中反对平等价值，并不是因为马克思能够忍受无权利、不平等的生活，而是因为这些政治价值本质上与资本主义社会的基本结构相关，它们都不触及资本主义社会的压迫结构，将它们当成最高的价值就是错误的。杨强调政治哲学要引入人民行动的历史维度的观念与马克思的人民观念是一脉相承的，不仅没有背离马克思，反而是马克思思想在新时代的发展。

四　杨对马克思政治哲学的坚持与发展

长期以来，国内很多学者对西方马克思主义理论有一种固定的评论模式，即如果某个西方马克思主义理论除了马克思主义的思想资源外还包含了其他思想家的理论资源，此理论中的某些观点不同于以往常见的马克思主义理论观点，那么人们就会认定这种理论偏离了马克思主义。今天，随着我们对马克思主义经典作家与西方马克思主义研究的深入，我们应承认西方马克思主义中有些学说的确因为掺杂了其他思想资源，从而模糊了马克思主义的人民性立场，然而，也有一些理论虽然利用了其他思想资源，但并没有因此而模糊马克思主义的人民性立场，反而在当代社会条件下更清晰地表达了西方社会中弱势群体和边缘群体的诉求，从而成为了欧美人民的现实理论。在我们看来，杨的差异政治学无疑属于后者。

第一，她对分配范式正义观的批判直接继承了马克思的核心思想，这构成了她整个正义理论的出发点。她在《正义与差异政治》第一章的开头位置（杨，2013：16）就旗帜鲜明地引用马克思的观点来佐证自己对分配范式的批判："在所谓分配问题上大做文章并把重点放在它上面，那也是根本错误的。消费资料的任何一种分配，都不过是生产条件本身分配的一种结果，而生产条件的分配，则表现生产方式本身的性质。"（马克思、恩格斯，2009：436）由此她不仅对罗尔斯、诺齐克等西方资产阶级正义理论，而且也对当代西方马克思主义者的正义观中的三类不同观点进行了批判，她认为西方马克思主义者爱德华·内尔和尼尔森提出的所谓社会主义性质的平等分配的观点完全陷入了分配范式，从而背离了马克思的观点；（杨，2013：19）她也批判了艾伦·伍德、沃尔夫、埃文·辛普森因为否定分配范式而否定正义价值的观点；她更是反对赫勒等提出的超越分配、正义理论应当定义目的想法。在她看来，这些西方马克思主义者之所以偏离了马克思本人的思想，就在于他们"没有能澄清那些重要的'非分配'问题"，她指出："分配议题是在一个制度性的框架中产生的，要对这个框架进行理解和评价，就必须从特定的社会过程和社会关系的角度，更具体地理解'阶级''生产方式'等概念。"（杨，2013：24）在她看来，如果"更具体地理解'阶级''生产方式'等概念"，我们就会理解当代生产方式的一系列制度都与人的潜能发展密切相关，理解它们也是正义可以评判的对象。（杨，2013：24）她的这种独特观点在当代西方马克思主义中独树一帜，既强调了生产方式的重要性，也在人类能力的发展问题上坚持了正义的诉求，维护了马克思的核心论点。

第二，杨对剥削问题和劳动专业化问题的讨论，充分地坚持和发展了马克思的核心观点，增强了西方马克思主义在当代西方社会的适应性和生命力。针对现代资产阶级社会科学否定剥削的现象，也针对罗默等西方马克思主义者在否定劳动价值论和同质化劳动概念的基础上，将剥削当作一个技术化的经济学观点，杨强调马克思的剥削概念是一个与社会压迫问题联系起来的现象，剥削既是一个劳动者创造的经济利润被转移到资本家手上的剥夺过程，同时也是劳动者能力的削减和尊严丧失的过程。她说道："（剥削）这一过程不仅将权力转移到资本家手中，还在更大程度上削减了工人的权力：由于工人陷入了物质资料匮乏、丧失自我控制的状态，他们也被剥夺了构成自尊的重要元素。"（杨，2013：59）这体现了她对马克思剥削观核心理念的坚持。为了回应西方当代的社会问题，杨将剥削概念扩展到性别剥削、种族剥削等问题上，它们共同构成了"压迫的诸面孔"的重要形式。以性别压迫为例，杨注意到："在 20 世纪的资本主义经济中，随着越来越多女性的进入，职场成了另一个重要的性别剥削场所。"（杨，

2013：61）在劳动专业化分工的问题上，杨也坚持和发展了马克思的观点。她批判了当代知识界关于专业人士理应获得比非专业化劳动者更高待遇的观点，论述了当代专业化劳动与非专业劳动的分工是通过"将设计决策和自主从工作流程中移除"来实现的，这种分工形式深化了劳动剥削。杨认为，专业化劳动之所以获得了高报酬，并非他们贡献了更多的生产力，而是因为他们掌握了更大的社会权力，专业化劳动者所从事的"去技能化劳动"事实上对非专业的劳动者"造成了权能褫夺的压迫"。（杨，2013：265）这些观点与马克思在《资本论》第一卷中论述的基本观点是一致的。杨在此基础上，又发展出了一种劳动分工中的"文化帝国主义"的压迫形式来，在杨看来，"假定某些工作在本质上比其他工作更优越、更有价值"的文化氛围主导了"专业化劳动"和去技能的"非专业化劳动"的区分，前者与抽象计算和语言运用的理智联系在一起；而后者则与感性的具体的身体活动有关，这造成了理智与身体的等级制。这种"文化帝国主义"导致了从事"专业化劳动"人士的需要、经验、生活方式等逐渐"主宰了社会生活的许多方面——包括社会政策和媒体形象"，而"非专业劳动"人士在文化上的声音则"湮没无闻"。（杨，2013：269）这些"文化帝国主义"观念与马克思主义所坚持的意识形态的压迫性功能的观点密切相关，不过是杨将它运用在分工的微观社会领域中而已。

第三，杨有关正义的差异性的观点是对马克思历史唯物主义的发展。她有关正义差异性的观点不仅与罗尔斯等西方资产阶级正义观完全不同，而且与哈贝马斯等西方马克思主义者所倡导的参与民主中同质化的正义观也不同，杨的差异政治理论是在新时代条件下再现了马克思对资产阶级形而上学和空想社会主义社会理想的批判，它重申了马克思始终坚持的人类发展在不同历史条件下的差异性的思想和关于尊重人民首创性的政治斗争思想。当然，杨的哲学绝对不是在当代条件下简单地复述马克思主义理论，她的理论资源除了马克思主义外，还包括了20世纪其他与马克思主义相容的理论资源。她在《正义与差异政治》这本书的"导言"中明确地提出，差异政治学主要依赖西方马克思主义中马尔库塞等人的"批判理论"、阿多诺差异的差异理论和哈贝马斯的商谈理论等，还受法国解构主义和女性主义的影响，除此以外，她还重点提道："这本书的分析和论证还倚重分析的道德和政治哲学、马克思主义、参与民主理论和黑人哲学。"（杨，2013：7）

杨的理论中那些最具有影响力的观点与马克思主义之间具有深刻的内在关联，值得我们今天深入研究，我们应该将杨的理论纳入到西方马克思主义的教学课程体系和研究之中。当然，将杨的理论定位为适合西方社会发展情况的，并未偏离马克思核心理念的西方马克思主义，这并不意味着她的理论完全正确，而是意味着它为我们提供了一个分析西方马克思主义是否具有人民性、时代性的参照系。

参考文献

Fraser, Nancy, 2008, "Against Pollyanna-lism: A Reply To Iris Young", Olson, Kevin, *Adding Insult to Injury*, London: Verso, pp. 107 – 111.

Hawkesworth, Mary, 2008, "The Pragmatics of Iris Marion Young's Feminist Historical Materialism", *Politics & Gender*, 4 (2), pp. 318 – 326.

Tebble, Adam James, 2002, "What is The Politics of Difference?" *PoliticalTheory*, 30 (2), pp. 259 – 281.

——, 2006, "Exclusion for Democracy", *Political Theory*, 2006 (4), pp. 463 – 478.

Young, Iris Marion, 1997a, "Socialist feminism and the limits of dual systems theory", RosemaryHennessy and Chrys Ingraham (eds.), *Materialist Feminism*, London: Routledge, pp. 490 – 501.

——, 1997b, "Deferring group representation", *Nomos*, 1997, pp. 349 – 376.

Young, Iris Marion, 2008, "Unruly Categories: A Critique of Nancy Fraser's Dual Systems Theory", Olson, Kevin (ed.), *Adding Insult to Injury*, London: Verso, pp. 89 – 106.

——, 2010, "A Multicultural Continuum: A Critique of Will Kymlicka's Ethnic-Nation Dichotomy", *Constellations*, 4 (1), pp. 48 – 53.

——, 2011, *Responsibility for justice*, New York: Oxford University Press.

陈嘉铭，《不驯服的正义——〈正义与差异政治〉推荐序》，https://book. douban. com/review/10185044/。

马克思、恩格斯：《马克思恩格斯文集》第 3 卷，人民出版社 2009 年版。

马晓燕：《当代美国新马克思主义的正义之争——N. 弗雷泽与 I. M. 扬的政治哲学对话》，《伦理学研究》2011 年第 5 期。

马晓燕：《差异政治：超越自由主义与社群主义正义之争——I. M. 扬的政治哲学研究》，《伦理学研究》2010 年第 1 期。

索菲·格拉尔·德拉图尔：《文化与差异：艾利斯·马瑞恩·扬多元文化主义理论的张力》，《国外理论动态》2017 年第 4 期。

宋建丽：《文化差异群体的身份认同与社会正义——多元文化主义对自由主义的挑战》，《哲学动态》2009 年第 8 期。

雷蒙德·威廉斯：《马克思主义文化理论中的基础和上层建筑》，胡谱忠译，《外国文学》1999 年第 5 期。

艾里斯·扬：《超越不幸的婚姻——对二元制理论的批判》，载李银河编《妇女：最漫长的革命》，生活·读书·新知三联书店 1997 年版。

——，《包容与民主》，江苏人民出版社 2013 年版。

——，《正义与差异政治》，中国政法大学出版社 2017 年版。

麦基的"怪异性论证"以及对它的反驳

顾清源（GU Qingyuan）[*]

摘要：约翰·麦基为支持他的关于道德的"错论"提出了一个著名论证——"怪异性论证"。但麦基对怪异性论证的表述较为含混，使得这一论证的具体内容并不清楚。此外，怪异性论证还面临一种较为流行的论证——诉诸认识论理由的"难兄难弟论证"的挑战。本文将给出一种对怪异性论证的新的重构，并论证这一新重构相比于已有的重构所具有的优势。在此基础上，本文将说明诉诸认识论理由的"难兄难弟论证"并不能驳倒怪异性论证。

关键词：约翰·麦基；错论；怪异性论证；难兄难弟论证；认识论理由

Mackie's Argument from Queerness and its Refutations

Abstract：John Mackie has proposed a famous argument-The Argument from Queerness-to support his moral error theory. But his expression of such argument is quite vague, which makes the content of this argument unclear. And the argument form queerness also faces a challenge form a kind of popular argument, i. e.，

﹡ 顾清源，武汉大学哲学学院硕士研究生（GUQingyuan, Graduate student, College of Philosophy, Wuhan University, Wuhan, China, Email：jasongu100@ foxmail. com）。

Companion in Guilt Argument from Epistemic Reasons. In this paper, I propose a new reconstruction of the argument from queerness, and explain its advantages by comparing it to a reconstruction already presented. On the basis of these, I will argue that companion in guilt argument from epistemic reasons cannot successfully refute the argument from queerness.

Key words：J. L. Mackie；error theory；the argument from queerness；companion in guilt argument；epistemic reasons

一　引言

约翰·麦基（John L. Mackie）在其著作《道德：发明对与错》中提出了关于道德的"错论"①（The Moral Error Theory）（以下简称"错论"），并为支持这一理论提出了"怪异性论证"（The Argument from Queerness）。然而麦基对怪异性论证的表述较为含混，使得这一论证的具体内容并不十分清楚。此外，近些年逐渐流行的一种"难兄难弟论证"（Companion in Guilt Argument），尤其是诉诸认识论理由的难兄难弟论证，被认为可以驳倒怪异性论证，从而也对怪异性论证构成了较大的挑战。本文将给出一个对怪异性论证的新的重构，并说明本文的重构相对于已有的重构的优势，从而使得怪异性论证能够以一个更清楚、更合理的方式展示出来。在这些工作的基础上，本文将论证诉诸认识论理由的难兄难弟论证并不能驳倒怪异性论证。

以下本文将通过3个部分展开：在第2节中，本文将通过概述麦基的错论来介绍怪异性论证的理论背景；在第3节中，本文将首先介绍其他哲学家对怪异性论证中一个重要的模糊之处——道德事实究竟怪异在何处的理解，进而给出并解释本文对怪异性论证的新的重构，而后说明本文给出的重构相对于已有的重构的优势；在第4节中，本文将梳理和分析被认为可以驳倒怪异性论证的诉诸认识论理由的"难兄难弟论证"，并论证它无

---

① 错论是一个大的理论家族，它并不局限于道德领域，除了针对道德的错论之外，还有针对数字、颜色、自由意志等对象的错论。参见 Olson（2018：58）。

法驳倒怪异性论证。

二　麦基的"错论"概述

道德错论的核心论题（thesis）是：道德思想和论述中包含了系统性的错误，以至于所有的道德判断（moral judgment），或至少一些重要的道德判断，都是假的。道德错论分为很多版本，不同版本采用不同的路线去论证这一核心论题，因而各个版本的错论的具体观点也是有所不同的。另外，有时不同版本的错论所主张的错论的核心论题的强弱也不同，例如奥尔森（Jonas Olson）版本的错论主张所有的道德判断都为假，而另一些哲学家只主张某一类道德判断都为假，如威廉姆斯（Bernard Williams）只主张关于义务和责任（duty and obligation）的道德判断都为假。[①] 比较著名的错论包括本文所讨论的麦基版错论，以及乔伊斯（Richard Joyce）和奥尔森版本的错论。[②]

麦基的错论认为所有基本的道德判断都为假。这里所说的"基本的道德判断"是指那些描述或指称了道德事实（或道德属性的例示）的道德判断[③]。例如"张三偷钱的行为在道德上是错误的"这个道德判断（根据麦

---

① 奥尔森版本的错论参见 Olson（2014，2018）；威廉姆斯的观点参见 Williams（1985）。

② 主流版本的错论的具体观点，如麦基版、奥尔森版以及乔伊斯版的错论的具体观点，都可以被概括为一个概念断言和一个本体论断言。"概念断言—本体论断言"这一框架常常被用来概括错论，例如 Joyce（2016）。奥尔森版的错论主张所有的道德判断都为假，它的具体内容可以被概括为：所有暗指或预设了道德属性的例示的道德判断都在语义上承诺了不可还原的规范性关系（irreducibly normative favouring relation）的存在（概念断言）；而不可还原的规范性关系是不存在的（本体论断言）。乔伊斯版本的错论主张所有暗指或预设了道德属性的例示（instantiations of moral properties）的道德判断都为假，它的具体内容可以被概括为：所有暗指或预设了道德属性的例示的道德判断都在语义上承诺了定言理由（categorical reasons）的存在（概念断言）；而定言理由是不存在的（本体论断言）。乔伊斯版本的错论参见 Joyce（2001，2006，2016）。麦基版本的错论的具体内容参见正文下述。

③ 这里的观点是本文对麦基的错论所做的诠释，麦基在其著作中并没有提出本文这里所使用的"基本的道德判断"这样的概念，他只是用诸如"日常的道德判断（ordinary moral judgments）包含错误的预设"、"大多数人所做的道德判断（因为指称了事实上不存在的客观的、规范性的东西）都是错误的"等表述来表达其错论的核心论题（Mackie，1977：35），然而其错论的核心论题的具体内容是由其为辩护错论所提出的论证决定的（错论的论题即是辩护错论的论证的结论），通过考察其论证［论证的原文参见 Mackie（1977：36 – 42）；也请参见后续正文中对麦基给出的论证中最重要的"怪异性论证"的讨论］不难发现，麦基给出的这些表述并不能够清楚、精确地表达出其论证所决定的论题，因此本文在正文中不采用麦基著作中的表述，而是构造了一个表述以求更清楚、精确地表达出其错论的核心论题。

基的错论的看法）就描述或指称了一个道德事实，这个道德事实由"张三偷钱的行为"这个对象（object）和这个对象对于"道德上错误"这个属性的例示构成。① 因此"张三偷钱的行为在道德上是错误的"属于基本的道德判断，麦基的错论会认为其真值为假。而例如"没有什么东西在道德上是错的"（Nothing is morally wrong）这个道德判断就没有描述或指称任何道德事实，因此不属于基本的道德判断，麦基的错论也不会宣称其真值为假（事实上麦基的错论会认为这个道德判断是真的）。以上是对麦基版错论的论题的介绍。而麦基的错论的具体观点，可以被如下两个断言概括②：

概念断言：所有基本的道德判断都在语义上承诺了具有客观的"规范性"的道德事实（objectively prescriptive moral facts）的存在。

本体论断言：具有客观的"规范性"的道德事实是不存在的。③

不难看出，上述概念断言和本体论断言的合取，便蕴含"所有基本的道德判断都为假"这一麦基错论的论题。这里需要对上述两个断言中"具有客观的'规范性'的道德事实"这一表述做一些解释。麦基认为人们的（基本的）道德判断"包含了一种对客观性的承诺"④，具体而言即是上述概念断言中所说的（基本的）道德判断在语义上承诺了具有客观的规范性的道德事实。麦基的表述中所使用的"客观性"概念和本文在用以概括其观点的两个断言中使用的"客观性"概念是同一个概念，其含义即是通常

---

① 可以认为，所有道德事实都由一些对象和这些对象对于道德属性的例示构成。因此描述或指称了道德事实的道德判断也自然是描述或指称了道德属性的例示的道德判断。

② 一些哲学家也对麦基错论的具体观点进行了类似的概括，参见 Joyce（2001：16）；Miller（2013：103）。麦基原文的表述参见 Mackie（1977：30－35）。

③ 主流的错论只否认（道德判断所描述的）道德事实的存在，亦即否认道德属性被任何对象所例示，但在道德属性本身是否存在的问题上看法不一（参见 Olson，2018：59）。根据麦基的著作中的表述，他在这个问题上的立场较为模糊。本文认为，否认道德属性被任何对象所例示是否意味着否认道德属性本身的存在，取决于是否认同在现实中不被例示的属性的存在。但毕竟在现实中不被例示的属性其本身是否存在是一个有争议的形而上学问题，而错论作为一种元伦理学理论，没有必要在这个形而上学争议问题上持有立场。本文基于宽容的解读原则和为麦基版错论减轻论证责任的考虑，将麦基版的错论解读为在道德属性是否存在的问题上保持中立。

④ 参见 Mackie（1977：35）。

的哲学语境中"客观性"概念的含义，亦即：某个东西是客观的，当且仅当该东西的存在不依赖于任何主体的心灵状态（mental states）。所以"具有客观的规范性的道德事实"是指那些例示了一种被称为"规范性"的属性的道德事实，并且这些道德事实对这种属性的例示是客观的，亦即对这种属性的例示是不依赖于任何主体的心灵状态的①，而这也意味着，被称为"规范性"的属性本身也是客观的，亦即其存在不依赖于任何主体的心灵状态。② 但是这些道德事实所客观地例示的被称为"规范性"的客观属性，它究竟是什么呢？对此麦基的表述较为含混。③ 而这与麦基在给出辩护错论的怪异性论证时对（他所宣称的）道德事实的怪异之处的含混表述

---

① 这里很容易漏掉道德事实对"规范性"这一属性的例示的客观性，而把"具有客观的规范性的道德事实"（objectively prescriptive moral facts）误解为：那些例示了一种被称为"规范性"的属性的道德事实，并且这个被称为"规范性"的属性本身是客观的（表述 B）。麦基所宣称的（基本的）道德判断所描述的"something objectively prescriptive"（Mackie，1977：35），亦即"objectively prescriptive moral facts"，其最基本的含义可以被表述为：一些拥有被称为"规范性"的功能或"力量"的东西（道德事实），它们所拥有的这种功能或"力量"是客观的，亦即它们所拥有的这种功能或"力量"的存在是不依于任何主体的心灵状态的。用形而上学术语去表述这一含义，本文认为正确的表述是正文中的"那些例示了一种被称为'规范性'的属性的道德事实，并且这些道德事实对这种属性的例示是客观的，这也意味着称为'规范性'的属性本身也是客观的"（表述 A）。之所以一定要加上"对这种属性的例示是客观的"，而不能只说"属性本身是客观的"，是因为对象对客观的属性的例示未必一定是客观的，也可以是主观的（subjective）或主体间性的（intersubjective）。例如：假设"购买力"、亦即"能交换商品"这一属性本身是客观的（假设这一属性是不在现实中被例示也能作为抽象物独自存在的共相），那么一张人民币纸币对"购买力"这一属性的例示就是主体间性的，因为这张人民币纸币对"购买力"属性的例示依赖于群体的心灵状态——如果所有人地球人都坚信人民币一文不值，那么这张人民币纸币就不再例示"购买力"这一属性。所以如果用表述 B 来表述"objectively prescriptive moral facts"，那么道德事实对"规范性"属性的例示就可以是主观的或主体间性的，亦即对"规范性"的例示就可以依赖于一个或一群主体的心灵状态，换个说法就是，道德事实所拥有称为"规范性"的功能或"力量"的存在依赖于一个或一群主体的心灵状态。这显然不符合"objectively prescriptive moral facts"的基本含义。而只有用表述 A 才能符合"objectively prescriptive moral facts"的基本含义。

② 之所以道德事实对"规范性"这一属性的例示是客观的，会意味着（即逻辑蕴含）"规范性"这一属性本身也是客观的，是因为任何事实对任何属性的例示都以该属性自身的存在为前提——如果一个属性本身不存在了，那么任何事实都无法例示它。因而，如果"规范性"属性自身并非是客观的，而是主观的或主体间性的，亦即"规范性"属性自身的存在依赖于一个主体或一群主体的心灵状态，那么道德事实对"规范性"这一属性的例示也会依赖于那个主体或那群主体的心灵状态，从而道德事实对"规范性"这一属性的例示也是主观的或主体间性的，而并非是客观的。所以道德事实对"规范性"属性的例示是客观的，蕴含"规范性"属性自身是客观的。

③ 参见 Mackie（1977：30 - 35、38 - 42）。

恰好对应。在下文中,本文会介绍哲学家们对这二者的澄清。

以上,本文对麦基的错论进行了概要性的介绍,接下来本文将在此基础上讨论麦基为辩护错论所提出的"怪异性论证"①。

三 麦基的"怪异性论证"分析

(一) 对"怪异之处"的澄清

麦基的怪异性论证的大致的思路是,(基本的)道德判断所描述或指称的道德事实因为某种原因而显得在本体论上怪异,从而是不存在的。然而麦基对于道德事实究竟因为怎样的原因而在本体论上怪异,亦即道德事实究竟怪异在何处的表述,却是较为含混的。② 上一节中本文也提到,麦基对(基本的道德判断所描述或指称的)道德事实所例示的客观的"规范性"属性的具体含义的表述也是含混的。考察麦基的论述不难发现,这两种含混的表述实际上描述的是同一个东西,因为道德事实的怪异之处恰恰在于其(客观地)例示了客观的"规范性"属性。因而对于道德事实的怪异之处的澄清就是对客观的"规范性"属性的具体含义的澄清。在本小节中,本文将简单介绍哲学家们对道德事实的怪异之处的理解的分歧,并说明本文所采用的理解。

对于麦基所宣称的道德事实的怪异之处,哲学家们有如下两种主流的理解:

<u>要求版本的理解</u>:对于认识到具有客观的规范性的道德事实的主体,无论该主体的欲望、目的、信念如何,该道德事实都会要求他进行(或者不进行)某种行动。

<u>动机版本的理解</u>:对于认识到具有客观的规范性的道德事实的主体,无论该主体的欲望、目的、信念如何,该道德事实都会给予他进

---

① 麦基为辩护错论一共提出了 2 类论证,一类即是"怪异性论证";另一类称为"相对性论证"(The Argument from Relativity),其影响力相对于怪异性论证要小许多,在此本文不予详述。

② 参见 Mackie (1977:30 - 35、38 - 42)。

行（或者不进行）某种行动的动机（motivation）。①

　　主张"动机版本的理解"的哲学家较少，其代表是布林克（David Brink）。在布林克看来，麦基式的道德事实的怪异之处在于它们的无条件地、必然地给予认知到它们的主体以行动动机的特征。② 然而布林克的看法遭到了支持"要求版本的理解"的代表人物加纳（Richard Garner）的有力批评。加纳指出，尽管无条件地给予主体以行动动机的这种特征的确是怪异的，但我们仍应该将道德事实的真正怪异之处做"要求版本的理解"，因为在这样一种理解下我们可以构造出怪异性论证的最强有力的版本，而布林克的反驳无法应对这种强力版本的怪异性论证。③ 目前大多数的哲学家对怪异性论证中道德事实的怪异之处采取的理解方式都类似于上述"要求版本的理解"④，本文也依照这种主流看法，对道德事实的怪异之处采用"要求版本的理解"，亦即将（基本的道德判断所描述或指称的）道德事实所例示的客观的"规范性"属性理解为一种"能够不依赖于主体的心灵状态而给予主体以关于行动的要求"的客观属性。

（二）对"怪异性论证"的重构

　　在上一小节中，本文对麦基所宣称的道德事实的怪异之处，亦即（基本的道德判断所描述或指称的）道德事实所例示的客观的"规范性"属性的具体含义进行了简单的澄清。这一节本文将在这一澄清工作的基础上给出一种对怪异性论证的重构，并说明这种新重构的优势。

　　在引言部分提到了麦基对怪异性论证的表述较为含混。这一含混不仅表现在麦基没能说清道德事实的怪异之处、亦即道德事实（被认为）所例

---

① 麦基在解释道德事实因何而怪异时举了两个例子来说明，一个例子是柏拉图的"善"的共相；另一个是克拉克（Clarke）所说的情景（situation）和行为之间的恰当性的必然关系（necessary relations of fitness）。参见 Mackie（1977：40）。这两个例子所试图说明的道德事实的怪异之处是不同的，可以说以这两个例子为原点，产生出了正文中所列举的对道德事实的怪异之处的两种主流的理解。

② 参见 Brink（1984）。

③ 参见 Garner（1990）。

④ 比如乔伊斯（Joyce）、芬利（Stephen Finlay）、罗伯森（Simon Robertson）以及奥尔森（Olson）。详见 Joyce（2001）；Finlay（2008）；Robertson（2008）；Olson（2010，2014）。

示的"规范性"属性的具体含义上，也表现在怪异性论证的其他具体内容上。由于麦基表述的含混，其他哲学家在分析怪异性论证时往往会对其进行重构。本文认为已有的主要的重构都面临一些缺陷，因而本文试图给出一种对怪异性论证的新的重构。下面首先展示新的重构，进而说明已有的重构所面临的缺陷以及这一新重构相比于已有的重构的优势。

麦基在其著作中提到，怪异性论证分为两个部分：形而上学部分和认识论部分①。更恰当地说，这两个部分分别对应着两种论证，而并非是一个论证的两个部分。在此本文分别称这两种论证为"形而上学式的怪异性论证"和"认识论式的怪异性论证"。本文所给出的新重构是对形而上学式的怪异性论证的重构。之所以选择形而上学式的怪异性论证、而不选择认识论式的进行重构，主要有两个方面的理由：（1）认识论式的怪异性论证的直接结论是人们无法认识（基本的）道德判断所描述或指称的道德事实，亦即人们没有道德知识，而从这一结论中很难得出"（基本的）道德判断所描述或指称的道德事实不存在"这一错论的本体论断言。因而认识论式的怪异性论证所辩护的是一种道德怀疑论，很难说它可以直接为错论提供辩护。（2）哲学家们在讨论怪异性论证时主要考察的是形而上学式的怪异性论证，它的重要性显著地高于认识论式的怪异性论证。

以下是本文所重构的怪异性论证：

P_1：基本的道德判断所描述或指称的道德事实客观地例示了一种客观的"规范性"。

P_2：如果客观的"规范性"存在，那么它自成一类、完全不同于其他任何属性。

P_3：如果一种客观属性自成一类、完全不同于其他任何属性，那么这种属性在本体论上是怪异的。

C_1：基本的道德判断所描述或指称的道德事实客观地例示了一种本体论上怪异的属性。（根据 P_1，P_2，P_3）

P_4：任何客观地例示了本体论上怪异的属性的事实，都是不存在的。

---

① 参见 Mackie（1977：38）。

C_2：基本的道德判断所描述或指称的道德事实是不存在的。（根据 C_1，P_4）

在此有必要对本文所重构的怪异性论证的部分命题做一些解释：首先，前提 P_1 即是麦基版错论的概念断言。前提 P_2 指出了客观的"规范性"这一属性的关键特征，即（作为客观的属性）自成一类、完全不同于其他任何属性。之所以客观的"规范性"属性完全不同于其他任何属性，是因为它是一种"能够不依赖于主体的心灵状态而给予主体以关于行动的要求"的客观属性，其他的属性没有这种"内在的要求行动"（intrinsic action-requiring）的力量。结合 P_3 可知，客观的"规范性"怪异的原因正在于其自成一类、完全不同于其他任何属性这一特征。而前提 P_3 则给出了一个判断某属性是否在本体论上怪异的标准。之所以有必要给出这样的标准，是因为麦基所说的"怪异"并非日常语境中的"怪异"，而是一种本体论上的怪异性。给出这一标准能够将怪异性论证中"怪异"的含义限定为本体论上的怪异，在后文对已有的对怪异性论证的重构的讨论中我们将看到，这一对"怪异"的含义的限定将使得本文所重构的怪异性论证能够免疫于一种攻击。最后，上述怪异性论证的结论 C_2 即是麦基版错论的本体论断言，如此便达到了怪异性论证辩护错论的本体论断言的论证目标。

下面本文将讨论对怪异性论证已有的重构。奥尔森对怪异性论证给出的重构或许是最为著名的[①]。由于麦基对怪异性论证表述的较为含混，奥尔森一共给出了 4 种不同的对怪异性论证的重构，它们分别是诉诸随附性（supervenience）的、诉诸知识的、诉诸动机的以及诉诸不可还原的规范性（irreducible normativity）的怪异性论证。奥尔森指出，这 4 个论证中的前三个都有严重的缺陷，而第 4 个论证，即诉诸不可还原的规范性的论证是最合理的怪异性论证[②]。这个论证的表述如下：

---

① 奥尔森对怪异性论证的分析和重构参见 Olson（2014：79 – 125）。

② 诉诸随附性的怪异性论证存在"过于一般化"（over-generalized），亦即攻击范围过大的问题；诉诸知识的怪异性论证对应的是上文中所说的"认识论式的怪异性论证"，如上述，它所辩护的是一种道德怀疑论，难以为错论提供辩护。诉诸动机的怪异性论证是对道德事实的怪异之处采用"动机版本的理解"而得到的怪异性论证，它不仅预设了有争议的道德内在主义，而且它的一个前提也不正确。参见 Olson（2014：88 – 115）。

①道德事实蕴含：存在一些事实支持（favour）某些类型的行为，并且这种支持关系是不可还原的规范性的（irreducibly normative）①。

②不可还原的规范性支持关系是怪异的。

③因此，道德事实蕴含怪异的关系。（根据①，②）

④如果道德事实蕴含怪异的关系，那么道德事实是怪异的。

⑤因此，道德事实是怪异的。（根据③，④）

本文认为奥尔森的这一重构存在两个的缺陷，而本文给出的新重构能够避免这两个缺陷。

第一个缺陷是，要么这个论证没有得出麦基版错论的"本体论断言"，从而没有完成其论证目标；要么这一论证因为没有把"怪异"的含义限定为某种本体论上的怪异，从而容易遭到一种反驳的攻击。首先，很明显这一重构论证的结论并非是错论的"本体论断言"（基本的道德判断所描述或指称的道德事实是不存在的）。而要使得其推导出"本体论断言"，就需要添加一个类似于如下命题的前提：

⑥怪异的东西都是不存在的。

然而这一前提很容易遭到反例的攻击，反对怪异性论证的论者可以指出，有很多被公认为怪异的东西都是存在的，例如暗物质、中微子、水熊虫（tardigrades）等②。而之所以这一重构会遭到这种反驳的攻击，就在于它没有提出一个"怪异性"的标准，从而没有把论证中"怪异"的含义限定为某种本体论上的怪异——毕竟暗物质、中微子、水熊虫这些东西只是符合日常语境中的"怪异"的标准，而很难说在本体论上是怪异的（它们都可以在标准的自然主义本体论框架下得到解释）。本文给出的重构论证提

---

① "不可还原的规范性"概念的具体含义参见下文。需要注意的是，奥尔森所使用的规范性概念是一般意义上的规范性概念，它和本文在总结麦基版错论的两个断言和上述对怪异性论证的新重构中所使用的"规范性"概念并不相同，在这两处本文所使用的"规范性"概念特指符合"要求版本的理解"的"客观的规范性"属性，亦即是"能够不依赖于主体的心灵状态而给予主体以关于行动的要求"的客观属性。为了方便区别，本文用加双引号的"规范性"表示这一特指性的规范性概念，而不加双引号的规范性即是一般意义的规范性概念。

② 这种反驳参见 Olson（2018：62）。

出了一种怪异性的标准（见前文前提 P_3），并通过这一标准把"怪异"的含义限定为本体论上的怪异，从而能够免受这种反驳的攻击：暗物质、中微子、水熊虫这些对象所例示的客观属性中，并没有任何属性是自成一类、完全不同于其他任何属性的，因此暗物质等对象并没有例示任何本体论上怪异的属性，所以它们不能作为反例攻击本文重构的怪异性论证的前提。因此，本文给出的重构论证并没有奥尔森的重构论证所具有的上述缺陷。

奥尔森的重构所具有的第二个，或许是更为严重的缺陷是，它把本不"怪异"的东西视为"怪异"的。具体而言是，这一重构论证中的前提②不正确：并非所有的不可还原的规范性支持关系都是怪异的，客观的不可还原的规范性支持关系的确是怪异的，但至少主体间性的不可还原的规范性支持关系并不怪异。为了说明这一点，需要对奥尔森所使用的"不可还原的规范性支持关系"（irreducibly normative favoring relation）这一概念做些必要的介绍。

所谓"不可还原的规范性支持关系"，是相对于"可还原的规范性支持关系"（reducibly normative favoring relation）而言的。根据奥尔森的相关论述①，可以对"可还原的规范性支持关系"做出如下界定：一个事实和一种行为分别作为关系项处于一个可还原的规范性支持关系中，亦即这个事实构成这个行为的可还原的规范性理由（reducibly normative reason）②，当且仅当，这个事实对这种行为的可还原的规范性支持关系（a）要么可以还原为这种行为的某个"能够作为一种工具满足某种欲望"的属性；（b）要么可以还原为这种行为的某个"能够符合某种制度性或习俗性的规则"的属性。例如，"楼下的便利店出售苏打水"这个事实就对"去楼下的便利店"这种行为有可还原的规范性支持关系，亦即构成这种行为的可

---

① 奥尔森对"不可还原的规范性支持关系"以及"可还原的规范性支持关系"的相关论述，参见 Olson（2014：117 – 123、136）。

② 奥尔森分别使用"可还原的规范性支持关系"和"不可还原的规范性支持关系"来定义"可还原的规范性理由"和"不可还原的规范性理由"。一个事实构成一种行为的可还原的规范性理由（或简单表达为"一个事实是可还原的规范性理由"），当且仅当，这个事实和这种行为分别作为关系项处于一个可还原的规范性支持关系中。类似的，一个事实构成一种行为的不可还原的规范性理由（或简单表达为"一个事实是不可还原的规范性理由"），当且仅当，这个事实和这种行为分别作为关系项处于一个不可还原的规范性支持关系中。参见 Olson（2014：121 – 122、136）。

还原的规范性理由，因为这一支持关系可以还原为"去楼下的便利店"这种行为的"能够满足'买苏打水'这种欲望"的属性。又例如，"足球比赛中前锋禁止用手拿球"这个事实对"不去用手拿球"这种行为也有可还原的规范性支持关系，亦即构成这种行为的可还原的规范性理由，因为这一支持关系可以还原为"不去用手拿球"这种行为的"符合足球比赛的规则"这一属性。而相应的，"不可还原的规范性支持关系"可以被解释为：一个事实和一种行为分别作为关系项处于一个不可还原的规范性支持关系中，亦即这个事实构成这个行为的不可还原的规范性理由（irreducibly normative reason），当且仅当这个事实对这个行为有规范性支持关系，并且这一规范性支持关系并非是可还原的规范性支持关系。例如，假设"强奸造成了不必要的痛苦"这个事实对"不去强奸"这种行为有不可还原的规范性支持关系，亦即构成了"不去强奸"的不可还原的规范性理由，那么这一支持关系就既不能还原为"不去强奸"这种行为的能满足某种欲望的属性（即使"不去强奸"不能满足任何欲望，这一事实仍然支持"不去强奸"），也不能还原为"不去强奸"这种行为的符合某种制度性或习俗性的规则的属性（即使没有任何法律、习俗等规则规定了不允许强奸，这一事实仍然支持"不去强奸"这种行为）。

在了解了"不可还原的规范性支持关系"这一概念后，让我们考虑是否所有的不可还原的规范性支持关系都是怪异的。如果一个事实对一种行为的规范性支持关系不能被还原为对欲望的满足或者对规则的符合，并且这种规范性支持关系还是客观的，那么这就好像"应该进行这种行为"的命令或要求以某种方式天然地内含于这一事实之中，这的确是非常怪异的。然而一个事实对一种行为的规范性支持关系尽管不能被还原为对欲望的满足或者对规则的符合，但这种规范性支持关系是主体间性的，亦即是依赖于一群主体的心灵状态的，那么这种规范性支持关系就并不显得怪异——例如，假设上述显得怪异的客观的不可还原的规范性支持关系并不存在［或至少不在现实中得到实现（obtaining）］，在此背景下，一群道德素食主义者（moral vegetarians）主张（并且假设只有他们做此主张），"食用哺乳动物的肉对动物造成的痛苦远大于给人带来的快乐"这一事实规性地支持"不要食用哺乳动物的肉"这种行为，亦即这一事实构成这种行为的规范性理由，那么，这一事实对这种行为的规范性支持关系就是主体间性的不可还原的规范性支持关系。这是因为，这一事实对这种行为的规范性支持关系，既不能还原为"不要食用哺乳动物的肉"这种行为的能满足某种欲望的属性（即使它不能满足任何欲望，那些道德素食主义者还是会主张这一事实规范性地支持这种行为），也不能还原为"不要食用哺乳动物的肉"这种行为的符合某种制度性或习俗性的规则的属性（即使各国法律、各种习俗等规则都不要求"不要食用哺乳动物的肉"，那些道德素食主义者还是会主张这一事实支持这种行为），并且这一事实对这种行为的规范性支持关系的存在依赖于主张它的那些道德素食主义者的心灵状态——如果这些道德素食主义者全部改变了立场，那么这一事实对"不要食用哺乳动物的肉"这种行为的规范性支持关系就不复存在。可见，在这个例子中，主体间性的不可还原的规范性支持关系是存在的，然而这个例子没有任何怪异的地方，它完全可以被一套公认为"不怪异"的本体论框架（例如自然主义的本土论框架）所解释。所以我们可以得出结论：主体间性的不可还原的规范性支持关系并不怪异。然而奥尔森所重构的上述怪异性论证却宣称不可还原的规范性支持关系是怪异的（前提②），亦即主体间性的和客观的不可还原的规范性支持关系都是怪异的，这使得奥尔森的重构论证成为不可靠的（unsound），从而具有严重的缺陷。

本文所给出的对怪异性论证的新重构并没有这一缺陷，因为本文给出的重构论证并未把主体间性的不可还原的规范性支持关系视为怪异的。如上述，本文给出的重构论证通过前提 P_3 提出了判定一个属性是否（在本体论上）怪异的标准，即，一个属性要被判定为是本体论上怪异的，必须满足 2 个条件：（i）该属性是客观属性；（ii）该属性自成一类、完全不同于其他任何属性。而主体间性的不可还原的规范性支持关系显然不满足（i），因而不会被判定为是怪异的。

综合上述，本文说明了奥尔森给出的对怪异性论证的重构论证中最合理的论证（即诉诸不可还原的规范性的论证）所具有的两个缺陷，并说明了本文给出的重构论证并不具有这两个缺陷，从而论证了本文给出的重构论证所具有的优势。

四 对"怪异性论证"的反驳："难兄难弟论证"

以上本文说明了应对怪异性论证中道德事实的怪异之处采用上述"要求版本的理解",进而给出了一种对怪异性论证的新重构,并说明了这一新重构相比于已有的重构的优势,从而完成了将怪异性论证以一种更清晰、更合理的方式展示出来的目标。在这一节中,本文将介绍对怪异性论证的一种重要的反驳,并论证其不能驳倒怪异性论证。

对于怪异性论证可以从不同的角度提出反驳。比如可以反驳作为怪异性论证的一个前提(前提 P_1)的错论的概念断言。① 本文在此打算讨论的是另一种对怪异性论证的较为流行的反驳:"难兄难弟论证"(Companion in Guilt Argument)②。顾名思义,"难兄难弟论证"的基本策略是试图找到一些我们认同其存在的非道德事实,但针对这些非道德事实我们可以仿照针对道德事实的怪异性论证来构建平行论证,这些平行论证会得出"这些非道德事实不存在"这样的结论,从而使得这些非道德事实和道德事实一样受到攻击,成为"难兄难弟"③。下面我们将集中考察难兄难弟论证中最为流行的一种论证,即通过说明认识论理由(epistemic reason)或者说支持信念的理由(reason for belief)是"难兄难弟"从而使得怪异性论证产生困难的反驳论证(以下称这种论证为"认识论理由式难兄难弟论证"④)。这种论证的论证过程大致可以分为以下两个部分:(1)说明我们可以仿照针对道德事实的怪异性论证来构建一个针对认识论理由的怪异性

---

① 例如芬利(Stephen Finlay)和卡尔夫(Wouter Kalf)都提供了对标准版的错论的概念断言(本文所总结的错论的概念断言即属于标准版的)的反驳,参见 Finlay(2008),Kalf(2018)。

② 感谢程炼老师对"Companion in Guilt Argument"译名的贡献。

③ 许多非道德事实都被声称会遭到怪异性论证的平行论证的攻击,而难兄难弟论证可以根据其所选择的作为"难兄难弟"的非道德事实而分为不同的类型。除了本文所讨论的诉诸认识论理由的难兄难弟论证之外,常见的还有:诉诸审慎规范性(prudential normativity)的难兄难弟论证(Fletcher, 2018、2019);诉诸数学对象的难兄难弟论证(Das, 2020),诉诸审美判断的难兄难弟论证(Evers, 2020)。

④ 认识论理由式难兄难弟论证有不少支持者,比如贝德科(Matthew Bedke)、库尼奥(Terence Cuneo)。参见 Bedke(2010);Cuneo(2007)。

论证；（2）说明针对认识论理由的怪异性论证是不可靠的（unsound）或是我们没有理由相信的，从而进一步说明针对道德事实的怪异性论证也是不可靠的，或也是我们没有理由相信的。

（一）"认识论理由式难兄难弟论证"的第一部分

在这一节中，本文介绍如何仿照针对道德事实的怪异性论证来构建一个针对认识论理由的怪异性论证。首先，我们需要明确认识论理由的含义。所谓"认识论理由"，指的是一类对某些种类的认知行为有规范性的支持关系的事实[1]，或者说是给予某种认知行为以辩护（justification）/担保（warrant）的一类事实。例如，当我看到眼前有一棵树，那么我关于这棵树的视觉经验便是我相信面前有一棵树的认识论理由，亦即我关于这棵树的视觉经验给予我相信面前有一棵树这种认知行为以辩护或担保。在认识论理由式难兄难弟论证的支持者看来，道德理由和认识论理由具有结构上的同构性。[2] 这里所说的"道德理由"即指对某些种类的行为有规范性的支持关系的事实，也就是奥尔森所说的"规范性理由"[3]。麦基式的道德事实即一种道德理由[4]。如果道德理由和认识论理由的确如认识论理由式难兄难弟论证的支持者所声称的那样，具有结构上的同构性，那么由于（麦基式的）道德事实作为一种道德理由客观地例示了客观的"规范性"属性，那么认识论理由也会客观地例示客观的"规范性"属性。所以我们可以仿照本文所重构的怪异性论证构建一个针对认识论理由的怪异性论证：

P₁′：认识论判断所承诺的认识论理由客观地例示了一种客观的规范性。

P₂：如果客观的规范性存在，那么它自成一类、完全不同于其他

---

① 参见 Olson（2014：155）。

② 参见 Bedke（2010）。

③ 参见 Olson（2014：121 – 122、155）。

④ 如前述，麦基式的道德事实例示了客观的规范性这一属性，亦即例示了"能够不依赖于主体的心灵状态而给予主体以关于行动的要求"这种属性，因此麦基式的道德事实对某些种类的行为有规范性的支持关系，所以道德事实是一种（奥尔森所说的）规范性理由，亦即一种道德理由。

任何属性。

P_3：如果一种客观属性自成一类、完全不同于其他任何属性，那么这种属性在本体论上是怪异的。

C_1'：认识论理由客观地例示了一种本体论上怪异的属性。（根据 P_1'，P_2，P_3）

P_4：任何客观地例示了本体论上怪异的属性的事实，都是不存在的。

C_2'：认识论判断所承诺的认识论理由是不存在的。（根据 C_1'，P_4）

对比这一针对认识论理由的怪异性论证和上述针对道德事实的怪异性论证不难发现，除了第一个前提（P_1' 和 P_1）不同之外，其他前提（P_2—P_4）都是相同的。而显然，这里的针对认识论理由的怪异性论证的是有效的（valid），因此如果能说明该论证是不可靠的（unsound）或是我们没有理由相信的，那么该论证中至少有一个前提是假的或是我们没有理由相信的。前提 P_1' 的正确性或可信性是由道德理由和认识论理由的结构同构性所保证的。因此如果认识论理由式难兄难弟论证的支持者在证明这二者的结构同构性的基础上，能进一步证明针对认识论理由的怪异性论证是错误的或我们没理由相信，那么他们就证明了前提 P_2—P_4 中至少有一个为假或我们没理由相信，从而便证明了针对道德事实的怪异性论证是不可靠的或是我们没理由相信的。因此，认识论理由式难兄难弟论证的支持者在说明了可以构造出针对认识论理由的怪异性论证之后，便会进一步论证这种针对认识论理由的怪异性论证是不可靠的或是我们没理由相信的。

（二）"认识论理由式难兄难弟论证"的第二部分

那么认识论理由式难兄难弟论证的支持者能否成功的说明针对认识论理由的怪异性论证是有问题的呢？库尼奥（Terence Cuneo）的论证比较有代表性，在此本文对他的论证进行考察。

库尼奥认为，由于针对认识论理由的怪异性论证会得出认识论理由是不存在的（C_2'），所以假如这一论证是正确的，那么我们的任何信念便都不可能基于理由了，因此我们的任何信念便都不可能显示出诸如"得到辩护""得到担保""是理性的"等认识论优势，同样也不可能显示出认识论缺陷。① 而对信念的认识论优势和认识论缺陷的讨论是整个认识论的主要的和核心的话题，因此针对认识论理由的怪异性论证宣称任何信念都不可能显示认识论优势/缺陷就不仅意味着宣称目前的认识论领域的大多数理论都是错误的，而且意味着宣称整个认识论领域的大部分研究都是在探讨不存在的对象，因而这些研究都应该被取消。在库尼奥看来，这一理论后果是令人难以接受的，甚至大多数怪异性论证的支持者也不愿意接受，因此我们没有理由相信针对认识论理由的怪异性论证。

奥尔森对库尼奥的这一诘难给出了回应②。他指出，怪异性论证所承诺的只是不可还原的规范性支持关系不存在，而这只意味着承诺不可还原的规范性理由不存在，怪异性论证并不否认可还原的规范性支持关系和可还原的规范性理由。因此在针对认识论理由的怪异性论证是可靠的论证的条件下，我们的信念仍可以基于理由，只是这种理由是可还原为对欲望的满足或对规则的符合的可还原的规范性理由。相应的，我们的信念仍可以展示出认识论缺陷和优势，只是表征这种认识论缺陷和优势的概念必须完全是描述性（descriptive）的。所以针对认识论理由的怪异性论证的正确性并不意味着我们的信念不能显示出认识论缺陷和优势。

对于奥尔森的这一回应，认识论理由式难兄难弟论证的支持者乃至于很多认识论领域的研究者恐怕不会满意。因为根据奥尔森的上述回应，在针对认识论理由的怪异性论证正确的条件下，还能"保留"下来的那种认识论缺陷和优势离人们通常所理解的认识论缺陷和优势差距较大。例如，根据人们通常的理解，如果某人宣称："张三的信念 A 没有得到辩护。"那么他/她所说的意思并不仅仅是张三的信念 A 不符合某一套规则，比如张三基于不合逻辑的推理而相信 A，他/她还表达了"张三不应该持有（或

---

① 参见 Cuneo（2007：119）。库尼奥在原文中将这一针对关于认识论理由的怪异性论证的诘难表述为一个两难困境，这里所转述的是两难困境的第二个方面；对于两难困境的第一个方面，奥尔森给出了有力的论证说明了它并非是一个真正的困难。详见 Olson（2014：157）。

② 奥尔森的论述参见 Olson（2014：158 – 159、164 – 165）。

继续持有)信念 A"这样的意思。而在本文看来,之所以奥尔森的回应只能"保留"下来这种离通常的理解差距较大的认识论缺陷和优势,正是由于奥尔森的回应建立在一个错误的前提下,即怪异性论证承诺不可还原的规范性支持关系不存在。如前文所论证的,并非所有的不可还原的规范性支持关系都是怪异的,至少主体间性的不可还原的规范性支持关系并不怪异,所以(得到合理重构的)怪异性论证并不承诺不可还原的规范性支持关系不存在,而只承诺客观的不可还原的规范性支持关系不存在,从而(得到合理重构的)怪异性论证并不否认主体间性的不可还原的规范性理由,而只否认客观的不可还原的规范性理由。

因而本文认为应该这样回应库尼奥的上述论证:在针对认识论理由的怪异性论证正确的条件下,我们的信念仍然可以基于理由,并且仍然可以基于不可还原的规范性理由,只要这些不可还原的规范性理由是主体间性的。相应的,我们的信念仍然可以显示认识论优势/缺陷,并且这种认识论优势/缺陷很接近于我们通常的理解——表征它们的概念是规约性(prescriptive)的,只是用这些概念所做出的陈述的真值条件,包含一些主体间性的事实。所以库尼奥的上述论证是难以成立的,针对认识论理由的怪异性论证的正确性并不会带来难以接受的理论后果。

综合以上讨论我们可以发现,即使认识论理由式难兄难弟论证的第一部分是成功的,亦即其可以仿照针对道德事实的怪异性论证成功地构建一个针对认识论理由的怪异性论证,但它的第二部分可以被有效地回应,亦即其无法成功地说明针对认识论理由的怪异性论证是不可靠的或是我们没有理由相信的,因此认识论理由式难兄难弟论证并不能真正威胁到怪异性论证。

六 结论

以上,本文首先通过概述麦基版的错论介绍了怪异性论证的理论背景。进而本文介绍了其他哲学家对麦基版道德事实究竟怪异在何处这一问题的理解,从而消除了怪异性论证的第一重模糊性。在此基础上,本文给

出了一个对怪异性论证的新的重构，并论证了它相对于奥尔森提供的重构
的优势，亦即本文的新重构避免了奥尔森的重构所具有的两个缺陷，从而
明确了怪异性论证的具体内容，消除了怪异性论证的第二重模糊性。至
此，怪异性论证得以一种更清晰、更合理的方式展示出来。最后，本文选
取了一种针对怪异性论证的较为流行的反驳、即"认识论理由式难兄难弟
论证"进行讨论。本文提出，即使这种论证能够成功地说明可以仿照针对
道德事实的怪异性论证来构建一个针对认识论理由的怪异性论证，但由于
它无法成功地说明针对认识论理由的怪异性论证是不可靠的或是不令人信
服的，从而并不能对怪异性论证起到令人满意的反驳效果。①

参考文献

Brink, D., 1984, "Moral realism and the skeptical arguments from disagreement and queerness", *Australasian Journal of Philosophy*, 62（2），pp. 111 – 125.

——, 1989, *Moral realism and the foundations of ethics*, Cambridge：Cambridge University Press.

Bedke, M., 2010, "Might All Normativity Be Queer?" *Australasian Journal of Philosophy*, 88（1），pp. 41 – 58.

Cuneo, T., 2007, *The Normative Web*, Oxford：Oxford University Press.

Das, R., 2020, "Moral pluralism and companions in guilt", Cowie, C. & Rowland, R.（eds.），*Companions in Guilt Arguments in Metaethics*, New York：Routledge.

Evers, D., 2020, "Aesthetic properties, mind-independence, and companions in guilt", Cowie, C. & Rowland, R.（eds.），*Companions in Guilt Arguments in Metaethics*, New York：Routledge.

Fletcher, G., 2018, "Pain for the Moral Error Theory? A New Companions in Guilt Argument", *Australasian Journal of Philosophy*, 96（3），pp. 474 – 482.

Fletcher, G., 2019, "Taking Prudence Seriously", *Oxford Studies in Metaethics*, Vol. 14, edited by R. Shafer-Landau, Oxford：Oxford University Press.

Finlay, S., 2008, "The error in the error theory", *Australasian Journal of Philosophy*, 86（3），pp. 347 – 369.

Garner, R., 1990, "On the genuine queerness of moral properties and facts", *Australasian Journal of Philosophy*, 68（2），pp. 137 – 146.

Joyce, R., 2001, *The Myth of Morality*, Cambridge：Cambridge University Press.

---

① 感谢冯书怡老师、程炼老师以及三位匿名评审人对这篇论文提出的修改意见。

——, 2006, *The Evolution of Morality*, Cambridge: MIT Press.

——, 2016, "Moral Anti-Realism", *The Stanford Encyclopedia of Philosophy* (Winter 2016 Edition), Edward N. Zalta (ed.), URL., https://plato. stanford. edu/archives/win2016/entries/moral-anti-realism/.

Kalf, W., 2018, *Moral Error Theory*, London: Palgrave Macmillan.

Miller, A., 2013, *Contemporary metaethics: An introduction*, Cambridge: John Wiley & Sons.

Mackie, L., 1977, *Ethics: Inventing Right and Wrong*, London: Penguin Books.

Olson J., 2010, "The freshman objection to expressivism and what to make of it", *Ratio*, 23 (1), pp. 87 – 101.

——, 2014, *Moral error theory: History, critique, defence*, Oxford: Oxford University Press.

——, 2018, "Error Theory in Metaethics", McPherson, T. & Plunkett, D. (eds.), *The Routledge Handbook of Metaethics*, New York: Routledge.

Robertson, S., 2008, "How to be an Error Theorist about Morality", *Polish Journal of Philosophy*, 2 (2), pp. 107 – 125.

Williams, B., 1985, *Ethics and the Limits of Philosophy*, London: Routledge.

古希腊哲学

Ancient Greek Philosophy

包萨尼亚的爱欲教育：柏拉图《会饮篇》的自然与习俗问题

陈斯一（CHEN Siyi）*

摘要： 爱欲教育是古希腊社会的一项独特风尚。柏拉图在《会饮篇》中借包萨尼亚之口论述了爱欲与教育的关系，传统上一般认为，他的发言比较接近现实中古希腊城邦（特别是雅典）对爱欲教育的理解。本文试将包萨尼亚的发言与古风和古典时代的雅典关于爱欲关系的现实规范相对比，通过揭示前者违背后者之处，展现柏拉图通过这篇赞词所表达的反思。笔者认为，包萨尼亚表面上强调德性与智慧、捍卫雅典的道德政治文化，实际上自始至终以自然欲望为出发点，其思想本质是智者术。通过对包萨尼亚其人其说的呈现，柏拉图揭示出作为教育机制的爱欲关系如何展现了自然与习俗的根本张力。

关键词： 柏拉图；爱欲；教育；自然；习俗

Pausanias' Erotic Education：
Nature and Custom in *Plato's Symposium*

Abstract： Erotic education is a unique custom in ancient Greek society. Pausanias' speech on the relationship between eros and education in Plato's *Sym-*

---

* 陈斯一，北京大学哲学与宗教学系助理教授，北京大学外国哲学研究所研究员；山东大学古希腊思想研究中心客座研究员（CHEN Siyi, Assistant Professor, Department of Philosophy and Religion, Peking University, Beijing, China, Email：1506186106@ pku. edu. cn）。本文为北京市社会科学基金项目"古希腊思想的自然和习俗问题"（17ZXC010）研究成果。

posium is traditionally considered to express the conception of erotic education in historical Greek cities, especially Athens. This article will compare Pausanias' speech with the regulations of erotic education in historical Athens and reveal the differences between them: Pausanias appears to praise virtue and defend the moral and political culture of Athens, but in fact his starting-point is from the beginning to the end his own desire. The author argues that through Pausanias' sophistic speech Plato aims to demonstrate the tension between nature and custom, as manifested in the Athenian culture of eros as an institution of education.

Key words: Plato; eros; education; nature; custom

一　古希腊男童恋：爱欲与教育

男童恋（pederasty）是古希腊社会的一大风尚，一般认为，制度化的男童恋起源于多利安城邦的军事化组织，带有强烈的成人礼色彩，其文化意义主要在于教育下一代，为城邦培养合格的战士和公民。① 男童恋的教育意义是现代古典学界关注的重点，马鲁（Henri-Irénée Marrou）在其名著《古代教育史》（*A History of Education in Antiquity*）中指出，"这种希腊类型的爱有助于创造一种独特的道德理想，它是整个古希腊教育系统的基础"②。在专著《希腊古风时代的男童恋与教化》（*Pederasty and Pedagogy in Archaic Greece*）中，佩西（William Armstrong Percy）也反复强调，古希腊文明为我们熟知的那些伟大成就，都是在各城邦将男童恋制度化之后才取得的。③ 在古典哲学的领域之内，最关注男童恋问题的哲学家无疑是苏格拉底和柏拉图。苏格拉底与当时雅典最优秀的贵族青年们保持着亲密的、带有明显爱欲色彩的师生关系，而柏拉图以男同性恋爱欲为主题的《会饮篇》是他的最重要、最为经典的作品之一。研究界公认，在柏拉图

---

① 在古希腊，男童恋一般指成年"爱者"与未成年"被爱者"之间的性关系。古希腊盛行的男同性恋指的是这种带有强烈等级制色彩的男童恋，而非双方平等的浪漫恋爱。关于制度化男童恋的起源，参考 Kenneth James Dover（1989：185 ff.）。

② Henri-Irénée Marrou（1982：53）.

③ William Armstrong Percy（1996）.

的《会饮篇》中，包萨尼亚（Pausanias）的发言最接近现实中雅典城邦对男童恋的态度，而他所提倡的将爱欲与教育相结合的理想，也基本还原了男童恋之于雅典乃至整个古希腊社会的实际意义。

然而，一旦将包萨尼亚爱欲赞词的思路与细节同现实中雅典关于男童恋的道德和法律规范相对照，我们就能发现，包萨尼亚在合乎传统习俗的修辞包装下，其实提出了一种非常革命性的爱欲理念，暴露了他看待爱欲的自然主义视角。要真正理解包萨尼亚的发言，以及柏拉图透过其发言而试图表达的反思，我们必须注意包萨尼亚的两重身份：首先，他是一个非典型的爱者；其次，他是智者的学生。大多数雅典人在当时风尚的鼓励和影响下参与男童恋的同时，也要娶妻生子，这两方面生活是互不干涉的，而包萨尼亚却专爱男伴，他是一个生理意义上的男同性恋者。[①] 而作为智者的学生，包萨尼亚对传统习俗的态度已经接受了智者修辞术启蒙的洗礼，他认为一切道德与法律都以人的自然欲求为基础并为之服务，其爱欲赞词的本质是一次从自身欲求出发对雅典城邦习俗进行改革的尝试。通过包萨尼亚的发言，柏拉图在认可男童恋的教育意义的同时，也对这种教育方式背后的人性和政治张力提出了深刻的反思。下面，我们首先将对雅典关于男童恋的现实规范进行概括，再以此为背景转向柏拉图的哲学文本，深入分析《会饮篇》中包萨尼亚的发言。

在雅典，男童恋的规范化始于立法者梭伦（Solon），传说梭伦关于男童恋有两项立法：第一，禁止奴隶追求出生自由的男孩；第二，学校和训练场的开放时间必须限制在日出之后、日落之前，以免不恰当的男童恋行为在夜间发生于这些场合。[②] 关于第一条法律，普罗塔克评论道："梭伦将男童恋视作光荣而高贵之事，鼓励自由人从事，禁止奴隶参与。"[③] 第二条

---

① 本文对包萨尼亚的批评并非针对他的性取向（这是无可指摘的），而是针对他的智者术修辞所表达的爱欲观念和教育思想。

② Percy（1996：177－179）；D. G. Kyle（1984）；cf. Thomas F. Scanlon（2002：212－214）。古代雅典人倾向于把许多后世法律都归给梭伦，因此关于梭伦立法的记载大多是可疑的。不过，我们这里提到的两则法律一般认为确实是梭伦创立的。

③ 普罗塔克：《梭伦传》，1.3，译文转译自 Plutarch（1959－1967）。值得注意的是，普罗塔克在《道德论集》（Moralia）提道，梭伦并不禁止奴隶与女自由民之间的性关系（751b）。cf. Mark Golden（1984）。

法律从侧面印证了男童恋与教育的密切关系。不同于克里特和斯巴达的制度，梭伦的法律对男童恋的态度是鼓励，而非强制要求，这意味着在雅典，规范化的男童恋并非城邦主导的政治制度①，而是公民相对自由的私人选择。然而，与伊奥尼亚地区的僭主制城邦盛行的男童恋风气相比②，雅典男童恋并不因其私人和自由的性质而缺乏政治教育意义。以梭伦自己为例：根据普罗塔克的记载，梭伦年轻时是庇西特拉图（Peisistratus）的爱者，两人长期保持着友好的关系，这使得"即使以后双方的治国理念大相径庭，始终不会产生火爆的敌意和激烈的冲突"。③ 庇西特拉图曾带头支持梭伦夺取萨拉米斯（Salamis）的政策，正是该政策的成功奠定了梭伦在雅典政坛的地位。④ 在梭伦通过立法调和贵族与平民之矛盾的努力失败之后，庇西特拉图因继承了梭伦支持民众、宽容贵族的温和立场而在党争中赢得优势，并最终取得僭主大权。尽管梭伦坚决反对庇西特拉图的僭主野心，但是庇西特拉图上台后非但没有加害梭伦，反而邀请他辅佐执政。⑤ 掌权期间，庇西特拉图证明自己是一位开明的统治者，他治下的雅典也迎来了历史上第一次政治与文化的兴盛。⑥ 由此可见，梭伦与庇西特拉图的爱欲关系以及前者对后者的教育，在那个政局动荡、政体变迁的时代，对于雅典统治权在曲折而富有戏剧性的传递中保持优良品格产生了决定性的影响。⑦

在古风时代的雅典，私人、自愿而又不乏政治教育意义的男童恋风俗

---

① 克里特男孩需要接受爱者的仪式化"劫持"以完成其成人礼（Bremmer, 1980），而斯巴达男孩到十二岁时必须接受一个年轻爱者（通常是二十岁到三十岁之间的未婚男性）对他的培训和监护（Paul Cartledge, 1981）。相关史料收集，参考黄洋（1998）。

② 以伊奥尼亚的贸易和文化中心萨摩斯（Samos）为例，公元前 6 世纪，萨摩斯僭主波吕克里特（Polycrates）热衷于男童恋，但却在自己的城邦中禁止男童恋。萨摩斯的男童恋风气限于统治者的私人享乐，不具备政治教育意义（cf. Percy, 1996：121）。

③ 普罗塔克：《梭伦传》，1.2，译文引自普罗塔克（2009：148）。不过，亚里士多德在《雅典政治》，2.17 对这种说法提出了质疑。

④ 普罗塔克：《梭伦传》，8.1 – 11.1。

⑤ 普罗塔克：《梭伦传》，29.1 – 3、31.1 – 2。

⑥ 亚里士多德：《雅典政制》，16。

⑦ 普罗塔克还提到，庇西特拉图是卡尔莫斯（Charmus）的爱者，后者在其治下任军事执政官（普罗塔克：《梭伦传》，1.4），而卡尔莫斯又是庇西特拉图之子、下一代僭主希庇亚斯（Hippias）的爱者，和他的父亲庇西特拉图一样，希庇亚斯也是一位开明的统治者。

并不限于最高的统治阶层，而是所有公民，特别是贵族阶级普遍接受与实践的。梭伦的立法已经表达了对公民从事男童恋的鼓励，而保存至今的大量雅典彩陶所描绘的求爱场面，更是印证了男童恋文化的普及，其中，最典型的求爱姿态是爱者对被爱者"上下其手"（up and down position）①：爱者一只手抚摸被爱者的下巴，另一只手抚摸被爱者的下体。纳斯鲍姆（Martha Nussbaum）这样概括研究界对这种求爱姿态的主流解读："一方面，爱欲是有益的，它表现出对年轻人的人格和教育的温柔关切；另一方面，它又是一种强烈的生理欲望。"② 换言之，这种求爱姿态象征性地结合了爱欲与教育。事实上，许多出现在彩陶上的美少年后来成为雅典历史上重要的政治家和将军。正如佩西所言："年轻人被选中并获得提拔的原因不仅仅是他的美貌，还在于他的道德和理性品质……在古风时代的雅典，几乎所有伟大的民主制领袖都同梭伦和僭主们一样是男童恋者。"③

到了古典时代，雅典关于男童恋的规范已经相当成熟，这尤其体现为立法的完备。根据现有记载，其主要的法律规定如下④：1. 进一步完善了梭伦关于男童恋的立法，特别是关于学校和训练场的法规。2. 严禁针对男童的性交易，这条法律惩罚的不是男童，而是卖方（男童的监护人）和买方（嫖客或包养者）。3. 虽然上一则法律不针对男童，但是曾经卖淫或被包养的男童或青少年成年之后不得行使某些政治权利，违反者将会受到严厉的惩罚。4. 关于强奸，侵犯方可能面临两种不同的指控：如果受害方选择私诉（δίκη）侵犯方的违法行为，侵犯方将被判处经济补偿；如果受害方选择公诉（γραφή）侵犯方通过其违法行为所暴露的傲慢（ὕβρις），侵犯方将会受到更加严厉的惩罚，但由于是公诉，对侵犯方的罚款将归城邦所有。上述法律中，第三条和第四条是最具雅典政治文化特色的。根据第三条法律，卖淫或者被包养导致一个人丧失荣誉，从而不配作为一个自

---

① 这是比兹利（J. D. Beazley）的提法，后来被研究界普遍接受，参考 J. D. Beazley（1947）。另一种典型的场面是爱者赠予被爱者礼物，被爱者以姿态表示接受或拒绝，这说明男童恋关系对于双方而言都是自愿的。

② Martha Nussbaum（1998）.

③ Percy（1996：120、183）.

④ 主要参考 Douglas M. MacDowell（2000），另比较 David Cohen（1987）.

由、独立、负责任的公民参与政治活动①；第四条法律中针对性侵犯作为一种傲慢行为的公诉也事关荣誉，因为所谓傲慢，在法律上就是一种以不合法的方式剥夺他人荣誉的罪行。事实上，男童性交易的买卖双方也被认为是对男童犯了傲慢之罪，剥夺了男孩的荣誉；而自愿卖淫或自愿被包养的成年人则是对自己犯了傲慢之罪，放弃了自己的荣誉。② 由此可见，所有这些法律都旨在保护公民的荣誉，尤其是年轻人的荣誉，并且捍卫雅典民主制既重视平等和公正、又追求竞争和卓越的政治文化。在这样的文化中，年轻人的荣誉既事关个人的政治前途，也事关整个城邦的公共秩序和政治精神的存续。

正因为如此，上述四则成文法律并未穷尽雅典关于男童恋的规范，因为即便是在合法的关系中，被爱者也面临丧失荣誉的危险。在性行为方面，雅典人认为被动接受鸡奸是一种严重的耻辱，尽管爱者可以选择"股间交"（intercrural sex）这种更得体的性行为来保护被爱者的荣誉，但是只要发生性关系，被爱者总会被认为是成了爱者的性征服对象，从而有损自己的荣誉，因此，那些易于"得手"的被爱者往往会被视作轻浮而缺乏男子气概。但是反过来讲，在爱欲关系的考验中表现优异的年轻人又能够赢得城邦的赞誉和信任。首先，吸引爱者的男孩往往健壮英俊、出生高贵、潜质过人，因此，一个男孩所拥有的追求者的数量和质量本身就能证明他的优秀；其次，男孩既不应该一味拒绝所有爱者的追求，也不应该在爱欲关系中做任何有损荣誉的事。他要仔细评估和选择爱者而又不显得势力和功利，要忠实于爱者而又不谄媚迎合、柔弱顺从，要适当地满足爱者的欲望而又不失矜持与尊严，等等。所有这些不成文的社会规范都反映了被爱者的微妙处境：尽管他在当下的爱欲关系中是被动方，但是爱欲关系对于他的意义，正是在于帮助他成长为未来城邦政治生活的主动方；男孩在爱欲关系中保持荣誉，就是要在获取种种必要帮助的同时，避免任何与城邦

---

① 值得注意的是，虽然作为性交易受害者的男孩不付法律责任，但是他仍然要承担丧失政治权利的后果；而且如果一个雅典人自愿卖淫，但是并不试图行使相应的政治权利，那么他就没有触犯法律。参考 Dover（1989：28 – 30）。

② Cohen（1987：7 – 8）．

统治者身份不符的行为和气质。事实上，这种努力本身就是培养男子气概、训练政治品格的途径，表现优异的男孩通过这样的考验证明自己，赢得城邦的尊重和推崇。正如福柯所言："当我们从男孩的视角看待爱欲关系，其意义便在于男孩如何通过不屈从他人来学会自我统治，而这里问题的关键不在于对自身力量的衡量，而在于如何在自我统治的同时，以最好的方式用他人的力量来衡量自己的力量。"① 事实上，让每个有能力"自我统治"的公民在公共事务中"用他人的力量来衡量自己的力量"正是雅典民主制的政治理想，就此而言，即便不考虑爱者对被爱者的有形帮助，爱欲关系本身就构成了对于男孩的政治教育。

综上所述，我们发现，雅典既没有像多利安城邦那样将男童恋完全制度化，也没有像伊奥尼亚城邦那样视之为纯粹私人的享乐，而是以典型的民主制精神，将男童恋的自由爱欲因素与政治教育意义相结合。雅典关于男童恋的种种道德与法律规范均着眼于此。

以上述概述为背景，让我们转向柏拉图《会饮篇》中包萨尼亚的爱欲赞词。这篇赞词从整体上可以分为两个部分：第一，包萨尼亚区分了高贵的爱欲和低贱的爱欲，并且热情地赞美和提倡前者（180c—182a）。第二，通过比较各城邦关于男童恋的法律，包萨尼亚试图论证雅典法律的独特性，并且提出他心目中理想的爱欲教育理念（182a—185c）。下面，我们将分两个小节来阐释包萨尼亚赞词的前后两个部分。

二 包萨尼亚论高贵的爱欲

包萨尼亚首先区分了两种爱欲："属天的爱欲"和"民众的爱欲"，这个区分的根据是爱欲总是跟随阿芙洛狄忒，而阿芙洛狄忒本身就可分为"属天的"和"民众的"（180d-e）。基于这个区分，包萨尼亚提出，那些受低贱爱欲支配的人既爱男童也爱女人，爱身体而不爱灵魂（181b）。由此可见，包萨尼亚认为这类人的问题首先是自然的，在性取向方面，他们

---

① Michel Foucault（1990：212）.

不像他那样专爱男性，而且当他们爱男性时，他们所爱的是年龄过低的男童。这种性取向的自然缺陷导致进一步的道德问题：他们爱的是对象的身体而非灵魂，因为无论是女人，还是年龄过低的男童，其灵魂都没有什么值得被爱的品质（cf. 181d-e）。① 相比之下，拥有高贵爱欲的人专爱男性，这类人的优点同样包括自然和道德两个层面：首先是性取向的高贵，他们爱的是"在自然上（φύσει）更有活动和更具理智"的对象，其次，他们爱灵魂胜过爱身体，这体现为他们不会选择年龄过低的男童作为爱欲的对象，而是要等到少年的理智开始成熟之时方才展开追求，并且将会终身维持固定的爱欲关系（181c—d）。

包萨尼亚的区分大体上符合现实中古希腊城邦（特别是雅典）对爱欲关系的传统规范，但是在一些重要的细节方面却是反传统的。首先，许多公民，尤其是贵族阶层，确实认为男同性恋比其他性关系更加优越，但是像包萨尼亚这样专爱男性的人是少数，大多数人在维持男性爱欲关系的同时，也要娶妻生子。其次，多数人会同意被爱者的年龄不宜过低，但是绝对不会像包萨尼亚那样提倡长期甚至终身维持爱欲关系，而是认为年轻人一旦身心成熟且获得充分的政治权利，就不再适合做被爱者了。福柯准确地看到了这种规范的用意：雅典社会认为，一个男人在性关系中的被动地位与他在政治生活中的主动地位是不相容的。我们已经谈到，即便是在爱欲关系存续期间，被爱者也必须尽可能避免在性关系方面扮演太过被动的角色，这一点事关他的男子气概和名声，从而在很大程度上决定着他的政治前途。这样看来，包萨尼亚倡导长期关系、承诺不抛弃被爱者（181d），这是一种误导性的说辞。在传统的爱欲规范中，被爱者应该适时终止与爱者的性关系。

---

① 在 181d-e，包萨尼亚提议法律应该禁止男人与年龄过低的男童发生爱欲关系，但理由并不是为了保护男童不受诱骗或侵犯，而是从爱者的角度出发，为了避免把精力浪费在品质尚不确定的被爱者身上。进一步讲，包萨尼亚说他的提议所针对的是低贱的爱者，正如现行法律禁止这类人与妇女通奸（181e）。然而，一旦将关于男童的法律与关于妇女的法律并举，我们就不难发现包萨尼亚更深的用意。禁止通奸的法律要保护的不是妇女，而是妇女的法定监护者（父亲、丈夫和其他监护者），同样，包萨尼亚提议的法律要保护的也不是年龄过低的男童，而是男童在身心成熟之后才可能自愿选择的那类爱者，比如他自己。不难推断，那些被包萨尼亚贬为"低贱爱者"的人是更有可能能获得男童监护者青睐的人，在男童恋爱欲的角逐中，他们的财富和权势要远比包萨尼亚的"德性"更具竞争力。

由此可见，包萨尼亚心目中理想的爱欲关系在性取向的专一性和性关系的长期性这两方面违背了传统规范。传统的爱欲规范在很大程度上是为了保护被爱者，而包萨尼亚的理想虽然表面上是在彰显男性爱欲的高贵，其深层目的却是为了更好地满足爱者的情欲。为了弱化其反传统的倡议对被爱者产生的潜在威胁，包萨尼亚在描述高贵爱欲的一开头就提出，这种爱欲是"完全不会过分的"（ὕβρεως ἀμοίρου）（181c4）。"过分"（ὕβρις）是一个重要的古希腊概念，在雅典道德和法律中占据特殊地位，在与性行为相关时，它指的往往就是强奸或性侵，可译为更具道德色彩的"傲慢"。在上一节，我们已经交代了雅典法律针对傲慢的惩罚。在同性行为上，法定的强奸或性侵是一种严重的傲慢之罪，而在法律管辖之外的性行为谱系中，爱者仍然有可能对被爱者犯傲慢之罪，最典型的表现就是实施鸡奸。事实上，在雅典关于爱欲关系的传统规范中，最重要的一条就是禁止鸡奸，而这一规范也具有明确的政治意义。我们可以把福柯的概括具体化为：被动接受鸡奸与主动行驶政治权利是不相容的，因此，被爱者想要保护自己的尊严、荣誉和未来的政治地位，就必须拒绝鸡奸；城邦想要公民体的健康传续、维持民主制的政治文化，也必须杜绝鸡奸。

那么，当包萨尼亚强调他所提倡的爱欲关系"完全不会过分"或"不包含任何傲慢"时，他是在委婉地承诺不会对被爱者实施鸡奸吗？或许如此，但是我们也必须记得，包萨尼亚在其赞词的开头就提出了一条极其激进而开放的原则：任何行为就其自身而言都无所谓对错，关键在于以什么方式去做（180e—181a），随后又说：以坏的方式满足坏人是错误的，以好的方式满足好人是正确的（183d），这里所谓"满足"指的就是接受对方的性行为。虽然包萨尼亚没有明说，但是根据他的逻辑，一个年轻人怀着受教育的动机（"以好的方式"）去满足一个能够教育他的成年人（"好人"）的性欲，这本身就是好的，至于具体如何满足，是否有鸡奸的行为，则是"无所谓"的。这是一种非常反传统的观念，它的目的在于解除现实规范对于爱者情欲的限制，而无视被爱者的荣誉。①

---

① 如果将包萨尼亚所谓"以好的方式"理解为对鸡奸行为的排除，那么他的观念将显得更加符合传统规范。然而，单从包萨尼亚的表述来看，我们的解释是不违背文本的；而从包萨尼亚的同性恋爱者身份和赞词思路来看，他极有可能对雅典人禁止鸡奸的规范感到不屑。

　　综上所述，我们认为，包萨尼亚对所谓高贵爱欲的赞美看似符合雅典关于男童恋的传统规范，但实际上具有很强的革命性。进一步讲，在他强调男性高于女性、灵魂高于身体并且倡导爱欲关系要专一而稳定的表面之下，隐藏着同性恋爱者满足自身情欲的出发点，而他提出根据行为的"方式"而非"类型"来判断对错的主张，也隐约暴露出一种非常反传统的性开放立场。我们会发现，包萨尼亚将自己的爱欲观念包装为一种对雅典政治文化与习俗道德的捍卫和传承，但是其本质一种旨在满足自然情欲的交易。

三　包萨尼亚论爱欲与教育

　　在充分阐述了低贱爱欲和高贵爱欲的区别之后，包萨尼亚转而讨论各城邦关于爱欲关系的法律以及雅典法律（νόμος）的复杂性和独特性。[①] 他指出，大多数城邦关于爱欲的立法是简单易懂的，要么像伊利斯（Elis）和波奥提亚（Boeotia）那样规定"满足爱者是好的"（182b3），要么像伊奥尼亚地区以及波斯帝国控制下的其他城邦那样，明令禁止爱欲关系。他接着解释道：伊利斯和波奥提亚做如此规定，是因为这些城邦的人不善言辞，不愿费力说服被爱者接受爱者的追求（182b），而波斯帝国之所以禁止爱欲关系是因为其政体为僭主制，这种政体的立法者倾向于认为，"被统治者中间产生伟大的骄傲思想（φρονήματα μεγάλα）或是牢固的友爱与共同体（φιλίας ἰσχυρὰς καὶ κοινωνίας）是对统治者不利的"（182c1—3），由于同性爱欲是产生这些不利因素的重要根源，法律必须禁止之。雅典的相关法律之所以比上述双方都更加复杂，原因就在于，一方面，雅典实行民主制，鼓励公民"产生伟大的骄傲思想"、"牢固的友爱与共同体"，对此最好的证据便是，雅典人将因为受辱而刺杀僭主的同性恋人哈摩狄乌斯（Harmodius）和阿里斯托吉吞（Aristogiton）奉为城邦英雄[②]；另一方面，

---

　　① 包萨尼亚下面要谈的各城邦法律并不局限于成文法（law），而是包括风俗和惯例（custom）在内的社会道德规范，这也是希腊语νόμος一词的完整含义。

　　② 由此可见，包萨尼亚同意在他之前发言的斐德罗，认为爱欲有助于增强荣誉感、培养公民的团结和勇气，但是在他看来，这些德性要保卫的不仅是城邦，而且是政体。比较修昔底德《伯罗奔尼撒战争史》，6.56—59，修昔底德对哈摩狄乌斯和阿里斯托吉吞的评价并不高。

雅典人不仅善于言辞，而且重视自由，他们认为爱欲关系的建立应该是通过说服来让被爱者自愿接受爱者的追求，因此不会简单而无条件地规定这种关系是"好的"。① 结果便是，雅典选择了一种独特的中道，一方面鼓励爱者公开地、热情地追求被爱者，以至于对于爱者来说，成功捕获被爱者就是光荣，失败才是羞耻（182d—183b）；另一方面又要求被爱者不能轻易接受爱者的追求，必须矜持而谨慎地鉴别和选择自己的爱者（183c—d）。这两方面法律结合起来构成对爱者和被爱者的考验和测试，唯有真正"属天"的爱者和被爱者才能通过，而这样的爱者和被爱者相结合，"一个能够（δυνάμενος）提供明智和其他德性，另一个需要（δεόμενος）获得这些以便接受教育和其他智慧，当这两种法律并存而且朝向同一个目标，唯有在这种情况下被爱者满足爱者才会是好的"（184d7—e4）。包萨尼亚的结论强调爱欲关系的教育功能，同时也暗示情欲的满足。他以教育的供求为中心将爱者和被爱者的关系描述为前者"能够"提供后者所"需要"的，从而将爱欲关系呈现为"朝向同一个目标"，然后看似不经意地补充被爱者对爱者的性满足，但实际上，这才是爱者的真正目标。

对包萨尼亚而言，爱欲的实质是教育与情欲的交换，这种理解既在一定程度上反映了雅典男同性恋关系的基本意义，也是其理想化的呈现。在现实中，被爱者的吸引力首先在于身体的美貌，而爱者所能提供的主要是权力场的经验、社会关系、晋升推荐等有形帮助。包萨尼亚则将交换双方都道德化了，他提出，爱者在选择被爱者的时候，应该更加看重对方灵魂的潜质，而非身体的美貌（182d）；而被爱者在选择爱者的时候，也应该更加看重对方的德性和善意，而非财富和政治影响力（184a—b）。然而，

---

① 包萨尼亚在182b1将斯巴达和雅典一并归入"法律复杂"的城邦，一些文本编校者倾向于认为此处有误，因为斯巴达也是一个"不善言辞"的城邦。在爱欲问题上，雅典与斯巴达的一个重要区别在于，男童恋在斯巴达是公共教育制度的一部分，在雅典则是公民出于自愿的私人选择，我们认为，这一点能够解释包萨尼亚为何对斯巴达一笔带过。虽然斯巴达崇尚男童恋，因而有利于包萨尼亚的立场，但是他理想中的男童恋在本质上是一种德性与身体的自由交易，这是一种极度非斯巴达的观念。另一方面，在爱欲关系方面完全自由的伊利斯和波奥提亚也无法满足包萨尼亚的理想，因为在这样的城邦中，他将失去自己同其他爱者竞争的优势，这种优势与其说是德性，不如说是关于德性的言辞。包萨尼亚之所以不喜欢那些"不善言辞""思想迟钝"的城邦，是因为在这样的城邦中，他所代表的类型（言辞优雅、思维敏捷的文人）将很难获得被爱者的青睐。

包萨尼亚在表达理想的爱欲关系时反复使用了一种奇怪的修辞，暴露了这种理想的内在困难。他说，爱者为了追求被爱者而自愿接受连奴隶都不愿忍受的奴役①，这非但不受谴责，反而是值得称赞的（183a—b）；而被爱者为了获得德性而自愿接受爱者的奴役②，这也绝不是低贱的（184c）。理想的爱者和被爱者都被描述为"自愿接受奴役者"，尽管这种奴役由于双方的高贵动机而值得称道，但奴役毕竟是奴役。具有讽刺意味的是，包萨尼亚对雅典爱欲立法的解释从民主爱欲推翻僭主奴役的成就开始，以被爱者受爱者奴役、爱者受情欲奴役结束。公民的自我统治能力决定了民主制的品质，在很大程度上，德性的教育就是为了培养这种能力。受教育者为了获得自我统治的能力而必须首先接受教育者的统治，这是一切德性教育的内在机制，然而，爱欲的德性教育将这种统治关系落实为一种单向的性关系，从而让教育的统治带上了强烈的奴役色彩。更加重要的是，被爱者受爱者奴役的根源是爱者受自身情欲的奴役，而这恰恰是爱者缺乏自我统治能力的表现。一个受制于自身情欲从而无法自我统治的人，如何通过一种带有奴役色彩的统治关系，教育出民主制所需要的具备自我统治能力的人？即便爱者确实具有德性而且能够把他的德性教给被爱者，他在教授德性的同时也在教授一种比德性更深层的原则，即德性并非自身的目的，而是用来满足情欲的工具。从这场交换中领略了这个更深层原则的被爱者难以对德性产生真正的敬意。最后，如果一个人所追求的目标要比他的行为举止在更深的层面决定他的品质，那么在爱欲关系中，以接受教育为目标的被爱者就要比以满足情欲为目标的爱者更有德性。包萨尼亚的政治修辞暴露了其爱欲理想的内在矛盾，他的赞词始于高贵和低贱的区分，终于自由和奴役的悖谬。

四　余论：《会饮篇》的自然与习俗问题

包萨尼亚试图通过教育与情欲的交换来实现自然与习俗的配合，让爱

---

① 具体指恳求、献殷勤、发誓、睡门槛等求爱行为。
② 指满足爱者的性欲。

者在满足自身情欲的同时为民主制雅典培养出合格的公民，从而维持政体与道德的传承。然而，包萨尼亚的出发点和归宿并非年轻人的成长和城邦的秩序，而是情欲的满足。他的方案与其说是为了保护雅典的政治文化，不如说是为了实现尽可能顺畅的交换。[①] 这种交换对于被爱者来说是习俗的安排，对于爱者来说则是自然的需要。通过包萨尼亚的赞词，柏拉图深刻地揭示出自然情欲和习俗道德的张力。在《会饮篇》中，包萨尼亚是第一个提到哲学的发言者，他先是说东方僭主们谴责爱欲，正如他们也谴责哲学（182b），后来又提议将"关于恋童的法律和关于哲学的法律"结合起来（184d）。在包萨尼亚看来，爱欲和哲学的关系是希腊文化的瑰宝，而雅典是这种文化的最高峰；爱者应该给被爱者提供的教育就是哲学教育，而他自己就是这种爱者/教育者的代表。在苏格拉底的赞词中，爱欲与哲学的关系将获得真正的界定，届时我们也将清楚地看到包萨尼亚与真哲学家的巨大差距：前者所谓的"哲学"并非对智慧的爱，而是用修辞包装私利的智者术（sophistry）。尽管如此，包萨尼亚对哲学的赞美确实预示着苏格拉底的爱欲观念，因为智者术与城邦的张力同哲学与城邦的张力具有结构上的相似性；二者都是自然与习俗之张力的表现，智者低于城邦之处与哲学家高于城邦之处，都反映了自然对习俗的逾越。

参考文献

Beazley, J. D. , 1947, "Some Attic Vases in the Cyprus Museum", *Proceedings of the British Academy*, Vol. 33, pp. 195 – 244.

Bremmer, J. N. , 1980, "An Enigmatic Indo-European Rite: Pederasty", *Arethusa*, Vol. 13, pp. 279 – 298.

Cartledge, Paul, 1981, "The Politics of Spartan Pederasty", *Proceedings of the Cambridge Philologi-*

---

① 包萨尼亚最后谈到的一点是：即便被爱者受骗了，误以为一个没有德性的人是有德性的而选择他做自己的爱者，这也并不可耻（185a—b），而在此之前，他提到即便爱者为了追求被爱者而违背誓言，这也是应该被原谅的（183b）。这两点"立法改革"对包萨尼亚来说极为重要：一个尚未获得德性的年轻人不可能具备鉴别德性的能力，因此，彻底取消鉴别的必要、让被爱者毫无顾忌地接受"高贵爱者"的追求（无论这种高贵是真是假），是达成爱欲交易的重要前提。我们不必怀疑包萨尼亚自己会不会违背誓言、是否真的具有他声称的德性，但显然，他宁愿看到被爱者投入伪君子的怀抱，也不愿减弱有德者俘获被爱者的希望。

cal Society, No. 27, pp. 17 – 36.

Cohen, David, 1987, "Law, Society and Homosexuality in Classical Athens", *Past & Present*, No. 117, pp. 3 – 21.

Dover, Kenneth James, 1989, *Greek Homosexuality*, Cambridge, Mass.：Harvard University Press.

Foucault, Michel, 1990, *The History of Sexuality*, Vol. 2：*The Use of Pleasure*, Translated from the French by Robert Hurley, Easton：Vintage Books.

Golden, Mark, 1984, "Slavery and Homosexuality at Athens", *Phoenix*, Vol. 38, No. 4, pp. 308 – 324.

Kyle, D. G., 1984, "Solon and Athletics", *Ancient World*, Vol. 9, pp. 91 – 105.

MacDowell, Douglas M., 2000, "Athenian Laws about Homosexuality", *Revue Internationale de Droit de l'antiquité*, Vol. 47, pp. 13 – 27.

Marrou, Henri-Irénée, 1982, *A History of Education in Antiquity*, Wisconsin：University of Wisconsin Press.

Nussbaum, Martha, 1998, "Eros and the Wise：The Stoic Response to a Cultural Dilemma", J. Sihvola and T. Engberg-Pedersen (eds.), *The Emotions in Hellenistic Philosophy*, Dordrecht：Kluwer Academic Publishers.

Percy, William Armstrong, 1996, *Pederasty and Pedagogy in Archaic Greece*, Champaign：University of Illinois Press.

Plutarch, 1959 – 1967, *Plutarch's Lives*, with an English Translation by Bernadotte Perrin and W. Heinemann, Cambridge, Mass.：Harvard University Press.

Scanlon, Thomas F., 2002, *Eros & Greek Athletics*, Oxford：Oxford University Press.

黄洋：《从同性恋透视古代希腊社会———一项历史学的分析》,《世界历史》1998 年第 5 期。

普罗塔克：《希腊罗马名人传》（第一册），席代岳译，吉林出版集团有限责任公司 2009 年版。

亚里士多德论"现在"与时间的计量

景凡芮（JING Fanrui）[*]

摘要：本文将从时间计量的角度探析亚里士多德的时间观。一方面，本文试图对《物理学》文本中三种对"现在"概念的阐释进行辨析，并且在试图调和其三者在概念上的表述分歧的同时，构建出亚里士多德用"现在"计量时间的全过程；另一方面，本文亦将在此基础之上进一步探讨"现在"这一概念在亚里士多德时间计量过程中的重要地位。在这两个层面的探讨中，"人"在时间计量过程中不可或缺的地位便逐渐得到显明，而这也在最终指向对亚里士多德时间观之中的主观时间维度的理解与觉知。

关键词：亚里士多德；时间；运动；现在；计量；限；数的单位

Aristotle on "Now" and the Measurement of Time

Abstract：The task of this research is to explain the concept of time in the philosophy of Aristotle in a perspective of time measurement. In one respect, this investigation will embark on the analysis of three different concepts of "now" presented in his work *Physics*; and will then expand on the attempt to combine these

---

* 北京大学哲学系宗教学系（JING Fanrui, Department of Philosophy and Religious Studies, Peking University, Beijing, China, Email：edislecullen@126. com）。

three concepts, while at the same time the whole procedure of measuring time with "now" will emerge. Also, we will develop a further discussion on the importance of "now" throughout this process. In these two perspectives, a subject of time measurement seems to be indispensable. This observation may finally lead to the understanding of subjective dimension of time apart from objective in the philosophy of Aristotle.

Key words: Aristotle; Time; Movement; Now; Measurement; Limit; Unit of Number

在亚里士多德的哲学体系中，对时间的描述与论证可谓是举足轻重的一环：这不仅涉及后文对运动连续性特征的论证以及对芝诺悖论的驳斥①，也对在形而上学领域中确立第一推动者本性的论证至关重要。② 在亚里士多德看来，对时间本身而言，它是以"现在"（now）为核心的：正如他在《物理学》中写道的："如果没有时间就不会有'现在'，没有'现在'也就没有时间。"（*Physics* Δ11，220a1）③ 而在时间计量的层面上而言，当"计数者"参与到时间计量的过程中时，"现在"则作为"用以数"的"数"，计量着作为"被数"的"数"的时间（*Physics* Δ11，220a21 – 23）。

然而，亚里士多德对后一层面——人对时间的计量这一层面并没有着重展开论述；而是更多的聚焦于论述"现在"、时间与其计量对象——运动之间的关系。只是这一论证的"倾向性"却也正导致了后世学者执着于

----

① 参见 *Physics* Z1 – 3。亚里士多德通过对时间与"现在"之间关系的探讨，得出"任何连续事物都能分成永远可以再分的部分，因为连续事物的限相互接触而成为一个"（*Physics* Z1，231b16）。因而量、时间和运动作为连续者都是无限可分的。而这一结论则在下文中被用来驳斥芝诺悖论——"他主张一个事物不可能在有限的时间里通过无限的事物"，因为在亚里士多德看来芝诺似乎混淆了"无限可分"与"无限延长"这两个概念；而如若按照亚里士多德的论证便会发现时间本身也是无限的，故而事物在无限的时间中必定可以经过无限的事物。

② 参 *Physics* Θ4 – 7，*Metaphysics* Λ6 – 7. 亚里士多德认为对物体运动之推动者的追溯不能无限倒退，那么必然存在一个不动的第一推动者可以作为其他事物运动的根源（*Physics* Θ6，259a15）。既然第一推动者不动，也就不可能有时间的计量（如后文所论述的，时间是对运动的计量），那么第一推动者——"神"便不存在于时间之中，也便就是一个永恒的存在了。

③ 以下所援引的亚里士多德《物理学》文本均引自于 Aristotle（1930），*Physics*（W. D. Ross，Trans.），London：Oxford University Press。中文译文部分参考亚里士多德，1984（2016），《物理学》，张竹明译，商务印书馆。

将亚里士多德时间观定义为客观时间观的代表，却在于此同时，忽略了从主观时间维度上来理解的可能性。

故而以下，笔者将以"现在"的概念为切入点，从人对时间的计量的角度进行探讨，试图在亚里士多德体系之中构建出此二者之间的关系。

一 *Physics* Δ10－14 中的三种"现在"的概念

在探讨如何用"现在"计量时间之前，我们需要首先明晰"现在"在亚里士多德语境中的概念与内含。然而在这一过程中，我们却发现亚里士多德所使用的"现在"的概念并不统一：在不同的语境中，"现在"分别被赋予了"限"（limit）、"数的单位"（the unit of number）和"计量具体运动的数"这三种不同的含义。这种概念前后不一致的现象不仅造成后世读者在理解时的混淆，更是让以 Julia Annas 为首的一批学者以为，"亚里士多德'现在'的概念是混淆不清的"[1]。然而在笔者看来，固然，亚里士多德似乎并未在文本中非常清晰的阐述出此三者之间的关系，但是这三种"现在"概念之间的矛盾并非不可调和，它们之间更为内在的联系实则已经潜藏在文本之中。

下文，我们首先分别来看在 *Physics* Δ10－14 中出现的三种"现在"的概念——作为"限""数的单位"以及"计量具体运动的数"的"现在"，并试图解析其背后所蕴含的特征。

（一）作为"限"的"现在"

统观《物理学》的文本，不难看到对作为"限"的"现在"概念的使用占据着主体地位。以第四章的十三节为例，亚里士多德写道："'现在'是时间的一个环结，之所以这样说是因为它联结着过去的时间和将来的时间；它又是时间的一个限：是将来时间的开始，是过去时间的终结。"（*Physics* Δ13，222a10－13）而同样的概念也出现在了对时间感知过程的描

---

[1] Julia Annas（1950，1975）.

述中，即亚里士多德认为只有以"现在"为"限"的事物被认为是时间（*Physics* Δ11，219a30）。从这两处论述中，我们看到"现在"是作为潜在的将时间区分为"过去"与"将来"的"限"而出现的。

那么，作为"限"的"现在"意味着什么？换言之，划分时间的"限"又是否是时间的一部分而占据着一定的时间长度？对于这一问题，亚里士多德的回答是否定的。在探讨时间问题之初，亚里士多德便对此做了前瞻性的铺垫："'现在'不是时间的一个部分：因为部分是由部分构成的整体的一个尺度。但是与之相反，时间并不被认为是由若干个'现在'合成的。"（*Physics* Δ10，218a6 – 8）而对这一观点的论证，则需要我们回归亚里士多德的数学和几何学领域探讨——毕竟在亚里士多德的语境中，他曾将时间比作"线段"，而将"现在"比作"点"。① 在探讨点线面体之间的关系的时候，亚里士多德写道："'限'只是这些事物的限度而已，而它自身并非本体。"②（*Metaphysics* N3，1090b10）而一如我们所知，面是体的"限"，线是面的"限"，而点则是线的"限"。也就是说，当我们无限次分割体之时，最终所得的只可能是一个同质的更小的体，却永远也不可能得到一个不同质的作为界限的面；以此类推，线与点的关系亦是如此。点不可能是线的实体，因而点作为分割和限制线的"限"，总比线缺少一个维度。再者，亚里士多德认为界限之间的合并与分离并非是在实体意义上的生灭，因而在这一运动的意义上"限"也就不可能是一个实体。（*Metaphysics* B6，1002a30 – b11）从这两个论证中我们便认为，线与点是不同质的。那么，再次由几何关系的类比回归到时间问题上，时间与"现在"也就并不同质，由此点性的"现在"不具有时间长度：时间如线段一般具有一定的时间长度；而"现在"则仅仅作为"限"而不可能是时间本身，因而不可能具有时间长度，便也就不可能叠加而合成时间了。

同样，在第六章的第三节，亚里士多德凭借着"由于'现在'中没有静止和运动，而静止和运动存在于一段时间之内，因此'现在'不是一段

---

① 参见 *Physics* Δ11，220a5 – 25。
② 以下所援引的亚里士多德《物理学》文本均引自于 Aristotle（1998），中文译文部分参考吴寿彭译本。

时间"（*Physics* Z3，233b33 – 234b9）的逻辑，再次证明了"现在"与时间本身不同质因而不具有时间长度的特征。

从这两处论证我们可以得出以下两个结论：其一，作为"限"的"现在"与时间不同质，因而不具有时间长度，也便无法叠加构成、计量时间；其二，单位对整体的计量只有以有长度的"部分"才能得以实现（这一结论将在后文详细展开）。

由此，我们便能给在这一语境下的"现在"总结出一个粗略的定义了，即"现在"被视为一个潜在的区分过去与未来时间部分的"限"；而作为"限"，"现在"是不具有任何时间长度的。

（二）作为"数的单位"的"现在"

然而将"现在"定义为"限"在亚里士多德的语境中却并非是一以贯之的，另外两种对"现在"的定义则似乎从不同的角度冲击着亚里士多德论证的严密性。在第十一节的中间部分，亚里士多德再次谈及了"现在"的概念。只是这一次，却将"现在"比作了"数的单位"——时间计量的单位："正如作位移运动的物体和位移运动共存一样，位移物体的数和位移的数也是共存的。时间是位移的数，而被比作运动物体的'现在'好比①数的单位。"（*Physics* Δ11，220a4 – 5）而同样的陈述亦见于此："因此当'现在'用以计数之时，它是数。"②（*Physics* Δ11，220a21 – 23）

亚里士多德以为时间是关于前后运动的数："所以时间不是运动，而是使得运动成为可以计数的东西。"（*Physics* Δ11，219b3）也就是说，时间之所以为数，是因为时间是对运动的计量，并最终展现为数的形式。那么在实际计量的层面上，时间作为"被数的数"在被数的过程中，则需要通过"用以数的数"（即一般意义上单纯的数字）以数字"一"——"单

---

① 正如 Julia Annas（1950，1975）指出，"二者之间的对应关系理应十分精确，否则这个类比便因而失去了效果"，也就是说，这个"现在"的概念与"数的单位"之间，无论是在性质抑或是在功能上均有着高度相似的特征。在这个意义上，笔者在此借用亚里士多德的原文直接将这个"现在"的概念表述为"数的单位"。

② 正如上文所论证的，单位对整体的计量只有以有长度的"部分"才能得以实现。那么在此，既然"现在"可以用来计数，那么它便必然是时间的一个"部分"。

位时间"为凭借，才能得以实现。这正如亚里士多德所云："时间是对运动和运动物体的计量，而这一过程则是通过确定一个将被用以计量整个运动的运动而得以实现的；正如用肘尺计量长度一样，是通过规定将用以计量全长的量所实现的那样。"（*Physics* Δ12，221a1－3）简言之，预设"数的单位"是我们在数字层面上计量时间之多少的前提。

然而如若仔细观想，我们便发现了其中的矛盾所在。在上面援引的文本中，"用以计量整个运动的运动"之所以能够计量整个运动，是因为这个运动属于整个运动的一部分；就好像一肘长在实际的计量中原本属于全长的一部分一样。与此相类比，我们不难推论"数的单位"作为被计量者的一部分，首先必然是一个时间段，且其本身必然拥有着一定的且相对固定的量，如此才可能一个挨着一个地计量出整体来。

至此，我们便能非常明确地觉察到作为"数的单位"的"现在"与作为"限"的"现在"之间在概念上的矛盾所在了。前者如上文所云，以为"现在"是一个拥有时间长度、拥有相对固定的量的时间段；而后者则以为"现在"是不具有时间长度而只是潜能地区分过去与将来的"限"。

如若仅此看来，亚里士多德对"现在"概念的两种阐释，就显得极为矛盾了。

（三）作为"计量具体运动的数"的"现在"

而对"现在"概念的阐述则不仅此二者。第三种对"现在"概念的辨析出现在了第十二节的中间部分，在这里，亚里士多德将"现在"隐含的定义为"计量具体运动的数"。这一对"现在"的阐释正与亚里士多德在前文中所试图说明的一样——他将"现在"类比为"运动的物体"，而"运动物体的本质是同一的（无论是一个点、石子或者别的事物），但在它所归属的关系中看，它不是同一的"（*Physics* Δ11，219b19－20）。借此，亚里士多德试图以这种定义来论证"现在"的不同一性："时间不是我们用以计数的数，而是计量对象的被数出来的数，所以这个数因先后不同而永不相同，因为'现在'是各不相同的。一百匹马和一百个人的数目是同一的，但是被数的对象不是同一的，因为马不同于人。"（*Physics* Δ12，

220b9 - 13）这里需要注意的是，"现在"虽然仍具有"数的单位"的内涵，但是按照亚里士多德在这一论证中的逻辑：一百匹马和一百个人不同一（除数目以外）是因为马不同于人；那么作为"数的单位"的"现在"也先后不同一，因为不同的"现在"与它所计量的具体运动之间处于不同的关系之中。①

如此，我们便又不难看到第二重概念上的矛盾了。第二个对现在的解释——作为"数的单位"，"现在"是前后同一的，因为只有这样时间的计量才成为了可能；然而这最后一种对"现在"的解释则认为它是前后不同一的，因为"现在"所计量的具体运动并不同一。

（四）小结

至此，我们在亚里士多德 *Physics* Δ10 - 14 的文本中觉察到了三种不同并相互冲突的"现在"的概念，在此做以小结：

①作为"限"的"现在"是潜在的区分过去和将来这两个时间部分的界限，而本身并不具有时间长度；

②作为"数的单位"的"现在"是首先一个具有时间长度的时间段，并且又因这个时间长度的相对固定性而成了计量时间的单位——使得时间可以被计量的前提；因此，它也前后同一；

③作为"计量具体运动的数"的"现在"不仅是具有一定时间长度的时间段，且因其与所计量的具体运动之间的关系不同而并不同一。

如若说亚里士多德对"现在"的概念并非如一些学者所言是混淆不清的，那么这三种"现在"的概念又如何能得以调和与统一？笔者以为，其中关系的建构可见诸"以'现在'计量时间"这一过程之中。

二 "现在"与时间的计量

正如前文所论述的，时间是对运动的计量，而最终呈现以数的形式；

---

① 此处"具体运动"是指在同一运动的不同过程与部分。而"现在"正是因为它与其所计量的不同过程与部分不同而前后不同一。参见 Philoponus（2011）。

在这个意义上，时间称之为运动的数，之所以可数是因为预先设定了一个用以计量的"数的单位"，亦即第二种"现在"的概念。然而更进一步推想，"数的单位"又是如何被确定？而那在"数的单位"的意义上同一，在"计量具体运动的数"的意义上不同一的"数的单位"，又是如何可能计量时间？以下，笔者将分别从这两个角度论述以"现在"计量时间的全过程，并在与此同时，试图构建这三种不同"现在"概念之间的关系。

（一）时间段的划定

正如前文的论述，当我们试图去计量时间的时候，便必然存在一个用以计量整个时间的"数的单位"。而这个单位则首先需要被确定为是一个拥有一定时间长度的时间段，而更进一步当这个时间长度得到确定之时，我们才可能称其为一个用以计量时间的单位。然而在前一个层面的确定中，这个时间段究竟如何划分与确定至此还未得到明晰。针对于此，笔者以为，这一划分密切的关系到了人对时间的认知过程。

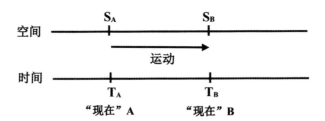

在前文中，亚里士多德讲到时间既不是运动，也不能脱离运动（*Physics*Δ11，219a2）；而位移运动又展现以物体所处空间的转换。因而，时间对运动的度量，是基于对空间转换的觉察而得以实现的。也就是说，当我们观察到物体 Ω 的空间位置由 S_A 转向了 S_B，便必然以为 S_A 相对于 S_B 是"前"，S_B 相对于 S_A 是"后"；此时，我们就说在同一运动中 S_A 与 S_B 之间存在着"前"与"后"的差异；而这正是运动在空间维度上之所以可能被感知的前提。那么以此为基础，当空间上的 S_A、S_B 分别嵌入了时间维度的两个"限"T_A、T_B——两个"现在"中时，时间上的"前"与"后"便得以展露，而此时时间便得以被人们感知。这正如亚里士多德所言，"当我们确定用'前''后'两个限来确定运动时，我们也才知道了时间"。
（*Physics* Δ11，219a22）"因为……当我们想到两端的'限'与夹在其中间的部分相异，并因此理性告诉我们'现在'有两个——前和后——时，我们才说这里有时间，而这以'现在'为定限的事物则被我们称作为时间。"
（*Physics* Δ11，219a25－39）如此，我们似乎可以认为：当运动过程中空间上的前后两个"限"对应到时间维度中，成为两个"前"与"后"的作为"限"的"现在"之时，便是时间之所以能被感知到的前提了。

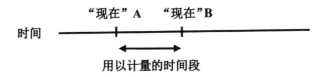

而用以计量的时间段，作为人用以计量时间整体的尺度，亦作为时间的一部分，则必然具有能够被人所感知进而被把握的特性。换言之，用以计量的时间段作为时间的一部分，只有被认知之后才可能被人所预设。以此推论，这个时间段亦需要"前""后"两个"限"才能得以划分，即在整体的时间之中选取其中一部分的量作为用以计量的尺度，而这用以划分的两个"限"则如前文所言是"现在"A与"现在"B。

（二）时间段长度的确定

然而，仅仅划定出一个用以计量的时间段是远不足以去计量时间的。因为对亚里士多德而言，我们是通过对某个确定的时间段数量的把握而计量时间的。而这里所预设的一个前提便是：用以计量的时间段所具有的时间长度是明确且相对固定的。而当时间段所具有的时间长度不明晰甚至于不固定之时，整体时间的计量也就根本无从谈起了。

那么这个被划定的、用以计量的时间段究竟包含了多少运动、多少时间的量？针对这一问题，亚里士多德似乎并没有集中给出一个十分明确且统一的答案。

在《物理学》中，亚里士多德认为"整齐划一的循环运动最适于作为单位，因为它的数最容易被人所认识"（*Physics* Δ14，223b20）。而若以此继续推论，那么正如他在后文所指出的，天体运动、日子等等带有循环性质的运动周期，便都可以当作"计量整个运动的运动"的量，也就是用以计数的时间单位长度了。

　　然而，在《形而上学》中，亚里士多德再次谈及了这个问题。只是这里，却与《物理学》中的单位划分稍有不同："自然哲学家于运动亦以简单而短促的移转为运动之计量；这些运动单位就是占时间最短的运动。在天文学上这样的'一'（运动单位）也是研究与计量之起点。"（*Metaphysics* I10，1053a7 – 11）

　　如若我们结合两处文本，便会发现用以计量的运动总体上有两个特征：占用时间最短、循环的运动（时间）。吴寿彭先生在《形而上学》一书中补充到："他们假定天体运动最快速而均匀有规律，故用以为一切运动之比照。"① 如此看来，似乎在亚里士多德时代的古希腊人便是将运动最快而占用时间最短、循环而有规律的天体运动作为了用以计量的运动；而某个天体运动的周期，便成了用以计量的时间段的长度。至于为什么天体运动是最快速的，以及究竟是哪个天体运动的时间量被作为了时间段的长度，在这里并没有得到充足的说明。

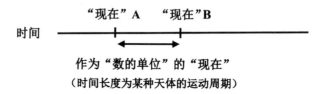

作为"数的单位"的"现在"
（时间长度为某种天体的运动周期）

　　"正如用肘尺计量长度一样，是通过规定将用以计量全长的量的单位所实现的那样。"以上，我们既已划定了一个用以计量的时间段；也同时在亚里士多德的文本中探讨出了这个时间段所具有的相对确定而又固定的时间长度。至此，我们便也可以说用以计量整个时间的"数的单位"已然确立，而正如前文所论证的，这正是用以计量时间的尺度与基础。

　　而这里我们需要注意的是，用以计量的尺度——所谓"数的单位"实际上便是第二种"现在"的概念。在这划分时间段与预设时间段的时间长

　　① 亚里士多德（2016/1959：213）。

度的过程中，我们实则同时看到了两个时间的概念：其一，用以划分时间的作为"限"的"现在"；其二，作为划分与确定结果的"数的单位"的"现在"。在实际的划分中，二者的概念却并不矛盾——前者划定、确定后者，即作为"数的单位"的"现在"是首先凭借前后两个作为"限"的"现在"而被划定的，从而才可能被预设而具有一定时间长度的。那么如此而言，我们便可看到，第一、二种"现在"的概念之间的矛盾在对单位确定过程的构建中已然调和。

（三）以"数的单位"计量时间

至此，用以计量时间的"现在"——"数的单位"凭借着作为"限"的"现在"得以划分；而"数的单位"的量，则似乎被大体预设为了某种快速而均匀循环的天体运动的周期。

然而我们注意到，对亚里士多德而言，"一切事物是通过确定一个与之同类的基本事物而可能被计量的"（*Physics* Δ14，223b14）。换言之，正如前文所说，只有作为整体的一部分，即是作为与整体事物相同类别的事物才能作为其计量单位。而那在"用以计数"的单位的意义上同一，在"计量具体运动的数"的意义上不同一的"数的单位"，又是如何可数呢？

亚里士多德在 *Physics* Δ11，219b21-28 的文本中着重说明了"现在"在另一种意义上是不同一的，大体的论证如下：因为"在甲地的运动物体和在乙地的运动物体也不同一"，而"现在"与运动物体的关联就"像时间和运动相关联的那样"；所以"现在"作为"前一个现在"还是"后一个现在"，是不同的。也就是说，"现在"（第二种"现在"的概念）与其所计量的具体运动之间所处的关系不同，前后两个"现在"便不同一了。如此看来，这种意义上的"现在"便就是前文所云的第三种概念了，即作为"计量具体运动的数"的"现在"。而这种概念下的"现在"，却在时间维度上不过是作为"数的单位"的"现在"所派生出的一个概念罢了。

在这种定义的语境之下，"现在"因其与其所计量的具体运动之间的关系的不同而区分出了前后。笔者以为，亚里士多德在这里之所以认为"现在"在一种意义上不同一，或许展现了这样一种诉求：他试图极为尽力地对传统古希腊时间观给出一个非柏拉图式的回应——时间和"现在"作为对运动的计量不能独立于具体运动，而并非是一个包含万物的容器。①而从另一个侧面，作为"数的单位"的"现在"则又以一种类比的方式被论证为是同一的。"如果绵羊的数和狗的数是相等的，那么这两个数是同一的。这个说法是正确的。但却不是同一个'十'，因为'十只绵羊'和'十只狗'是不同的。"（*Physics* Δ11，224a4 – 5）亚里士多德在这里试图从数的层面上论述"用以数"的和"被数"的之间的区别。也就是说，在"被数"的层面上，被数出的"十只绵羊"与"十只狗"是不同一的；而在"用以数"的意义上，用以去数绵羊与狗的数字"十"作为"十"本身则必然是同一的。而对于时间而言，也同样存在着"用以数"的"数的单位"以及"被数"的"计量具体运动的数"，因而在这个层面上与对数的讨论形成了严密的类比关系。那么，当作为"数的单位"的"现在"是作为用以计量的单位去计量整个时间之时，它便是同一的；而当作为"计量具体运动的数"的"现在"作为被数的数，被作为"数的单位"的"现在"数出来之时，它便因其与具体运动之间的关系的不同而前后不同一。如此看来站在以上类比的逻辑中，在"被数"的层面上，作为"计量具体运动的数"的"现在"是不同一的；在"用以数"的层面上，作为"数的单位"的"现在"是同一的。因而在对时间计量的意义上，"用以数"的单位便是同一的，时间也就可以通过单位的计数从而是可数的。而这时，对于整体时间长度的计量，在运动与时间之前后可以被感知到的前提之下，便只关乎其所占据的单位的多少了。

在亚里士多德的这一语境之中，我们看到时间因"现在"（第三种概念）的不同一而有前后之别，时间又因"现在"（第一、二种概念）的同

---

① 参考 Julia Annas（1950，1975）。古希腊人认为时间是一个可以包含万物的容器，这正如 Julia Annas 所概括的："谈及时间，我们便会极为自然地带入柏拉图的时间观；或者至少极为模糊地认为时间是一个神秘而又巨大的实体或者说是一种容器。……在古希腊人看来，时间是可以包含和容纳一切的而不会竭尽的实体，它比一切被包含在其中的事物都要伟大。"然而我们看到，这一说法在亚里士多德的时间体系中是不被允许的，因为既然时间和"现在"（作为"数的单位"的"现在"）是对运动的计量，它便不可能独立对具体运动的计数而存在；因而时间和"现在"也就必然不可能如传统时间观所阐述的一般，因"先于"运动存在而可能包含运动。

一而可数的从而也是可以被计数的。

（四）在时间计量的过程中对三种"现在"概念的调和

以上，笔者从时间计量之"单位的划定""单位量的预设"以及"时间在何种意义上是可数的"这三个角度，构建了在亚里士多德体系之下时间之计量的框架。在这一过程中，也潜在地回应了本文最初所提出的问题：三种不同"现在"概念的出现是否是矛盾的？至此，我们便可以给出一个否定的答案了：

作为"限"的"现在"本身虽然不具有任何时间长度，但是它却是划定用以计量的时间段进而确定作为"数的单位"的"现在"的前提。而作为"计量具体运动的数"的"现在"，则是在作为"数的单位"的"现在"的基础上计量具体运动而形成的。在这种定义之下，前者论证不同的"现在"有着前后之分，而不是永远的同一个；而后者则因其同一性而是时间之所以可能被计量的基础所在。两个分为"前""后"的"限"划定用以计量的时间段，而当其时间长度在量上得以规定便确定了用以计量时间的"单位"，"单位"又因其与所计量的具体运动关系的不同而成为"计量具体运动的数"；这一切的基础与核心，则在于本义的作为"限"的"现在"中。其时，此三者之间的关系便逐渐明晰了起来，呈现出一个相互构建而非对立矛盾的关系。

其实，亚里士多德似乎早已意识到这三种"现在"概念的区分。他在 *Physics* Z3 中将其区分为"本义的（proper and primary sense）现在"与"派生意义的（in virtue of another）现在"①，或许其意图不过就是如此。固然，我们不得不承认亚里士多德本人在撰写关于"现在"概念的研究之

---

① 参见 *Physics* Z3，234a11 – 17。"如果现在是可分的，那么就会有某一段过去的时间在将来的时间里，也会有某一段将来的时间在过去时间里，因为在这种场合里，过去时间和将来时间的真正界限乃是把这个可分的'现在'分开来的点。不过，这也是一种'现在'，但不是本义的（proper and primary sense），而是派生意义的'现在'（in virtue of another）。"由引文可知，"派生意义的'现在'"是可分的，并且具有一定的时间长度。而"本义的'现在'"则被称作"真正的界限"。然而，亚里士多德并没有说明"派生意义"的和"本义"的"现在"究竟是什么。但是根据上文笔者对三种"现在"概念的分析与构建，我们大可推测"派生意义"的"现在"对应着作为"数的单位"的"现在"，而"本义"的"现在"则对应着作为"限"的"现在"。

时，或许并没有在语言层面将这三者区分清楚，而是理所当然地将其统一表述为"现在"。然而通过以上之对其概念的说明与构建，似乎便为理解亚里士多德之"现在"概念与时间的计量提供了一条可行的路径了。

三　"现在"在时间的计量过程中的重要地位

上文笔者既已试图阐明亚里士多德是如何试图用"现在"来计量时间的。然而我们却不得不去追问，人为什么要借助"现在"来计量时间？

为了解决这一问题，我们还是回归最初的运动领域进行探讨。

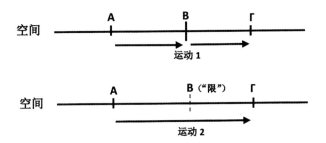

假设物体 Ω 存在着一个运动，从空间 A 到 Γ。随意选取一个现实的存在于空间中的 B 将 AΓ 分为两个部分。这时，Ω 则呈现出从 A 到 B，再由 B 到 Γ 的运动状态。在这种情况下，我们还能否说 Ω 做了一个从空间 A 到空间 Γ 的运动呢？答案是否定的；因为我们只能说，Ω 所做的从 A 到 B、再由从 B 到 Γ 的运动是两个相互接触（in contact）且顺联（in succession）的运动，却不能说它们是一个连续（continuous）的运动。对亚里士多德而言，"事物的外限在一起的，就是相互接触的，如果没有同类事物夹在中间，就是顺联的"（*Physics* Z1，231a23）。而 Ω 所做的从 A 到 B、再由从 B 到 Γ 的运动，虽然没有夹在其间的第三个运动，但是却在中间出现了分隔开 A 到 Γ 运动的现实的存在的界限 B——作为前一个运动 A 到 B 的终点，以及后一个运动 B 到 Γ 的起点。而这时，对应到时间维度上，亚里士多德会认为："如果将一个点既当作起点又当作终点，就必然会有停顿。"（*Physics* Δ12，220a13）以此推论，时间在 B 得以停留，而运动物体 Ω 在 B

也必然出现了一个停滞的状态，而这时，运动便成了两个。因为对于亚里士多德而言，如果只有一个运动，那么导致这个运动开始的动力因便也就只有一个。① 然而，既然运动与时间都停滞于 B，我们便不得不说，推动 Ω 由 A 向 B 运动的动力因已经失去了效果；而只有当一个新的动力因出现之时，B 到 Γ 的运动才能够再次开始。故而，在这种语境之下，当 B 是一个实体性的界限之时，AΓ 的运动便不可能成为一个。而这时，所谓的从 A 到 Γ 运动便不可能出现"前"与"后"之分。因为"前"与"后"只可能存在于同一个连续的运动中；因为在不同的运动中，所谓的前后不过是两个不同的运动罢了。② 那么，既然物体在运动的维度上已然没有前后之分，对应到时间维度上，作为"限"的"现在"也失去了前后之别。如若按照前文的推论，当本义上的"现在"——作为"限"的"现在"不存在之时，人对时间的感知便是不可能的，而更进一步人对时间的计量亦陷入了困境。

那么我们如何使得运动 AΓ 被划分为"前""后"两部分连续着的运动，却又不至于被划分为两个独立的运动呢？笔者以为，只有当现实的存在于空间上的 B（无论是在空间维度还是时间维度中），被"压缩"为一个在潜能上存在的"限"，才使得"前""后"在连续中得以实现，而又不被划分为两个。因为"限"只不过是潜在的分开运动和时间，而非在现实的划分；因此，"限"不仅维系了原先运动 AΓ 的连续性，也在潜能上使其出现了 AB 与 BΓ 的"前"与"后"之别。那么，对应到时间维度之中，这个起着潜在划分作用的"限"，便是第一种"现在"的"概念"——作为"限"的"现在"。

从以上论证中，我们不难发现，本义上作为"限"的"现在"，是使得运动与时间保持着连续性且有着"前""后"区分的关键所在；也只有这样，时间因这"前""后"之别才是可以被感知从而可以被计量的。在这种意义上，作为"限"的"现在"联结着同一个运动中的"过去"与"将来"，正如亚里士多德所陈述的这个论断："'现在'是时间的一个环

---

① Waterlow（1950：1984）.
② Waterlow（1950：1984）.

结，之所以这样说是因为它联结着过去的时间和将来的时间；它又是时间的一个限：是将来时间的开始，是过去时间的终结。"（*Physics* Δ13，222a 10–13）

四　结语

以上，笔者探讨了三种"现在"的概念，并在展现"如何用'现在'计量时间"的过程中，试图调和了这三个概念之间的冲突；也在最终呈现出了"现在"这个概念在亚里士多德时间的计量层面上的重要地位。在此略作以总结：

作为"限"的"现在"是使得时间保持其连续性且有"前""后"之分的前提，也是时间可能被计量的前提之一。借此，"前""后"两个"限"所划定的时间段，而其时间长度则被古希腊人规定为某种天体的运动周期，因而也就构成了用以计量时间的单位，亦即"数的单位"；在这一过程中，我们看到作为"限"的"现在"确定了作为"数的单位"的"现在"。然而，具有一定时间量的"现在"在"计量具体运动的数"的意义上不同一，这一概念的设定在笔者看来或许是为了对传统古希腊时间观给出一个非柏拉图式的回应——在"被数"的意义上，时间与"现在"作为对运动的计量是不可以独立于具体运动的；而在上文数与"现在"的类比的逻辑中，"现在"在"用以数"的意义上则是同一的，这正是时间之所以可能被计数的又一个前提。其时，对于整体时间长度的计量，便只关乎其所占据的单位的多少了。

至此，我们看到，时间因作为"限"的"现在"得以"延续"，得以计数与计量；即是说，作为"限"的"现在"不仅派生出了其他两种概念上的"现在"，亦是使得时间之所以可能被计数的根源。此时，本义的"现在"是人对时间计量这一过程的核心了。那么在这种对时间的计量方式之下，或许我们便可以说，时间是人对运动的计量，并最终呈现以数字的形式。无论是对"限"的"现在"的感知，还是对作为"数的单位"的"现在"的确定，抑或是用"用以数"的单位去数"被数"的具体运动，我们都不难觉察到人（或是说亚里士多德所谓的灵魂）在这一过程中的不可或缺的地位。而这时，在亚里士多德体系中对时间的计量甚至是时间观之中的人的因素——亦可称之为主观的因素，便也就不言而喻了。

上文中，笔者实则是从亚里士多德《物理学》文本中对时间问题探讨的背景出发，对时间之计量进行论述的；换言之，也即立足于对运动的探讨背景之下，尤其是位移运动的语境之下来探讨的时间问题。然而，如若仅仅按照时间计量的原理与过程来看，可被计量的运动不仅仅有位移运动，质、量的变化以及生灭的变化，甚至心理与灵魂的运动和变化都可以得到计量。因为，时间之所以可以被计量的前提是，存在一个用以计量的单位，以及去计量的人（或云灵魂）感知到了时间的存在——感知到了某种运动的"前""后"之别；其时，这"前"与"后"之间所划定的时间长度，便是所试图去计量的时间了。而我们看到，无论是位移、质、量和生灭以及心理与灵魂上的运动与变化，均有着可以被感知到的状态上的前后差异，那么如若以此而推论，这以上提及的种种运动便都可能成为时间所计量的对象，进而可以被计量了。

然而，我们似乎不难发现，以上全文所讨论的时间以及时间的计量，则全部存在于意识层面，换言之，即是亚里士多德所谓的有"计数者参与"的时间计量。此时我们似乎无法避免进一步设问，存在于意识中可以计量的时间与独立于意识存在于质料世界的时间之间，究竟有什么关联与区别。有些学者似乎认为，这一质疑对亚里士多德而言并非是问题所在，因为时间本身作为"数"必然存在一个"计数者"来计数，此二者是不可分离的①；这正如海德格尔在《存在与时间》中将 219b1－2 翻译为"因为时间就是这，某种相关乎在早与晚的境遇中被照面的运动而被计数的东西"② 一样，只有"被照面的"才可能成为时间。然而汪子嵩先生在《希腊哲学史》中写道："（亚里士多德在探讨用于认知的灵魂与时间的关系之时），亚里士多德的见解是：因为计数者是人，如无有心智能力的人去计数，当然就无所谓时间了。可是运动的物体总是有的，因而有'在先'和

---

① Julia Annas（1950：1975）.

② 海德格尔（1987：49）。

'在后'，'这样，作为计数的时间实际上是存在的。'"① 与汪子嵩先生所试图表达的观点相近，对笔者而言，或许亚里士多德已经在某种程度上意识到了这两种时间之间的差异，也即是说认为这二者之间存在一定的张力而并非完全等同，只是对此是并没有继续深入探讨的。然而对这一问题深入的剖析，或许已经超出了这篇论文所力求去解决的问题了。

参考文献

Aristotle, 1930, *Physics*, trans. by W. D. Ross, London：Oxford University Press.

——, 1998, *Metaphysics*, trans. by Huge Lawson, London：Penguin Books.

Annas, Julia, 1975, "Aristotle, Number and Time", *The Philosophical Quarterly*, Vol. 25, No. 99, pp. 97 – 113.

Philoponus, J. , 2011, *On Aristotle Physics* 4. 10 – 14, trans. by Sarah Broadie, London：Bloomsbury Academic.

Waterlow, Sarah, 1984, "Aristotle's Now", *The Philosophical Quarterly*, Vol. 34, No. 135, pp. 104 – 128.

巴恩斯编：《剑桥亚里士多德研究指南》，廖申白等译，北京师范大学出版社 2013 年版。

海德格尔：《存在与时间》，陈嘉映、王庆节译，生活·读书·新知三联书店 1987 年版。

汪子嵩等：《希腊哲学史》（第三卷），人民出版社 2014 年版。

汪子嵩：《亚里士多德关于本体的学说》，中国人民大学出版社 2014 年版。

亚里士多德：《物理学》，张竹明译，商务印书馆 1984（2016）年版。

——，《形而上学》，吴寿彭译，商务印书馆 1959（2016）年版。

---

① 汪子嵩等（2014：434）。

"发展论" 或 "整体论"?

——评杰弗里·E. R. 劳埃德《亚里士多德: 思想的发展和结构》

鲍秋实（BAO Qiushi）[*]

摘要: 杰弗里·E. R. 劳埃德的《亚里士多德: 思想的发展和结构》尽管初版于 1968 年, 但它在内容上却无疑是新颖的、有趣的并且极富批判性的。在生平介绍部分, 它没有对亚里士多德的生平事迹做平铺直叙, 而是将重点放在了对发展论观点的批判和对发展论和整体论二者关系的反思之上, 并提出了一种折中论的思想立场和方法建议。在思想介绍部分, 它也并未简单地勾勒亚里士多德的思想板块, 而是以高度批判性的态度揭示了亚里士多德自然哲学和其自然世界图景的整体性, 并深入发掘了这种整体性背后的理论预设。

关键词: 亚里士多德; 发展论; 整体论; 自然哲学

"Development Theory" or "Holism"?

A Review of G. E. R. Lloyd's Aristotle:

The Growth and Structure of His Thought

Abstract: Although first published in 1968, G. E. R. Lloyd's Aristotle: *The*

---

* 鲍秋实, 中国人民大学博士生（BAO Qiushi, PhD Candidate, College of Philosophy, Renmin University of China, Beijing, China, Email: ktflash2@ 163. com）。

Growth and Structure of His Thought is undoubtedly novel, interesting and extremely critical in content. In the life introduction part, it does not give a straightforward account of Aristotle's deeds, but focuses on the criticism of the development theory and the reflection on the relationship between the development theory and the holism. And then it proposes an eclectic position or methodological suggestion. In the part of thought introduction, it does not simply outline Aristotle's thought either. Instead it reveals the wholeness of Aristotle's natural philosophy and his natural world picture in a highly critical manner, and has uncovered the presuppositions behind this wholeness.

Key words: Aristotle; development theory; holism; natural philosophy

对亚里士多德思想的整体概述不乏权威和经典之作。就目前已有的中文译介而言，就有譬如 W. D. 罗斯的《亚里士多德》（商务印书馆 1997 年版）、J. 巴恩斯的《亚里士多德》（生活·读书·新知三联书店 2006 年版）、C. 希尔兹的《亚里士多德》（华夏出版社 2014 年版）、W. 耶格尔的《亚里士多德：发展史纲要》（人民出版社 2013 年版），这些著作以各自不同的方式为我们展示了亚里士多德思想的基本面貌。既然如此，那么译介 G. E. R. 劳埃德的这本初版于 1968 年的《亚里士多德：思想的发展和结构》（人民出版社 2019 年版），是否只不过是在同类著作当中多添一笔呢？

尽管劳埃德这部思想导读与上述其他著作都对亚里士多德思想的介绍，但它的展示方式和重心却颇为不同。以罗斯的《亚里士多德》为例，从内容上看，劳埃德与罗斯的著作都包含了亚里士多德的生平介绍和思想介绍，但罗斯将笔墨几乎用在了思想介绍上，并且呈现给我们一种极为详尽且态度中立的思想介绍[①]；相反，劳埃德不仅将三分之一的篇幅用于生平介绍[②]，并且无论是生平介绍还是思想介绍，劳埃德都采取了批判性的态度和叙述方式。这一点最主要、最鲜明地体现在其生平介绍的部分。

---

① 见 Ross（1995），在 306 页的原书正文中生平介绍只占 21 页。

② 见 Lloyd（1968），在 315 页的原书正文中生平介绍占了 108 页。

不同于大多数的亚里士多德导论，劳埃德在其导论的生平介绍部分并没有仅仅复述一些中立客观的、普遍被承认的生平事迹，而是介入了与当时时兴的"发展论"观点的争论之中。发展论是由维尔纳·耶格尔发扬光大的一种思想诠释方式，它试图寻找亚里士多德的思想和其生平之间的准确对应关系，以此来解释其文本、思想中的内容变化和内容矛盾①，而与此相对立的"整体论"观点，则将亚里士多德思想看作某种静态的有机统一体。由此，不仅《劝勉篇》《欧德谟斯》和《论哲学》这些公认的亚里士多德早期对话作品被规定了时间阶段，甚至作为一个整体的《形而上学》也被耶格尔拆散打碎，按照各个卷次的思想特征被指定了不同的写作时期，尽管它确实是被后世学者集结成册的。② 初版于 1923 年的《亚里士多德：发展史纲要》（*Aristoteles：Grundlegung einer Geschichte seiner Entwicklung*）对亚里士多德学界的影响是十分显著的，这样一个事实即可佐证这一点，即罗斯（W. D. Ross）和欧文（G. E. L. Owen）在不久的后来也同样表达了某种发展论观点。在发表于 1957 年的《亚里士多德思想的发展》中，罗斯肯定了耶格尔发展论观点的大部分内容，尽管他已经认识到，像耶格尔那样将亚里士多德的形而上学时期和经验主义时期截然分开是错误的。③ 而欧文在其 1966 年发表的著名的《亚里士多德的柏拉图主义》中则表达了一种与耶格尔相反的发展论观点，即并不存在一个"走出柏拉图主义"的思想过程，即一个从纯粹柏拉图主义者向纯粹经验主义者的思想发展过程，亚里士多德在任何时候都没有表现出对柏拉图主义的彻底认同，毋宁说只存在一个从柏拉图主义的批判者向柏拉图主义的接受者的亚里士多德思想发展过程。④ 初版于 1968 年的《亚里士多德：思想的发展和结构》深受发展论思潮及其争论的影响，并积极参与其争论之中，是不足为怪的。

尽管发展论在亚里士多德学界的地位在耶格尔及其弟子的观点遭到决

---

① 见耶格尔（2013）。
② 耶格尔（2013：31 以后）。
③ 罗斯（2009：35 - 48）。
④ 欧文（2009：97 - 119）。

定性打击之后便渐趋没落，但这也并不意味着学界已经发展出了一种公认绝对完善的整体论方法论。事实上，发展论和整体论的争论和对立延续至今，其取舍构成了许多思想诠释者在处理其具体思想主题时必然面临的问题，以及他们处理问题的方法预设。① 作为一部亚里士多德导论，劳埃德的《亚里士多德：思想的发展和结构》似乎是陈旧的，但其中对发展论—整体论问题做出的思考尽管放在现在依然是独特的、新颖的并且极富启发性的。劳埃德在本书的"中文版序言"一开头就表明了他这部书的主旨，即他试图展示一种方法论上的折中立场：

> 　　20 世纪 60 年代中期，剑桥大学出版社找到我，要我给大学生写一个适合于他们阅读的亚里士多德导读，而当时发展论的研究风靡一时……根据耶格尔的观点，凡是我们在亚里士多德现存著作的不同部分就一个具体的主题发现有明显分歧的观点，它们通常应当被看成标志着亚里士多德由于成熟改变了他的思想。
>
> 　　我对我自己论述的组织方式很大程度上反映了这一先入之见，以致本书第一部分的题目是"思想发展"，尽管篇幅更长的第二部分是以"亚里士多德思想的基本要素"为纲目的。一方面，我对耶格尔命题的有些方面是态度谨慎的……另一方面，我当然不否认亚里士多德无论是在他是柏拉图学园中的学生和同事的 20 年期间还是之后，都深深地受到了柏拉图的影响。②

　　劳埃德这部导论在某种意义上可以被看作是对"耶格尔命题"或耶格尔发展论观点的一个回应，但这一回应并非是站在整体论立场上的一个纯粹反驳，而是一种折中，即在充分意识到亚里士多德思想的体系性的基础上对其思想发展的一个探索。尽管劳埃德本人在这本非专业的书籍中并没有明确地发展出一种成熟的亚里士多德研究范式或研究方法，但他无疑明

---

① 譬如 Graham（1987）认为，由于静态来看亚里士多德的思想中有"两个不相容的体系"，所以必然存在某种思想发展。这是一种新的发展论观点。而 Reeve（2000），作为强整体论者，则否认亚里士多德思想当中任何决定性的转变，他甚至将亚里士多德的早期对话著作和被怀疑是伪作的著作用作观点论证的文本依据。

② 劳埃德（2019：1）。

确了自己的方法论立场，他说："如果我们试图就亚里士多德在一个具体主题上的思想变化作出诊断，那么，我们有责任考察为什么他要重新进行思考。在我自己后来的研究中，我更加强调的与其说是亚里士多德产生这类重新思考的可能性，不如说是另一种可能性，即，他认识到在一个问题上可以从不同的视角出发持有不同的观点，这可以把看起来单一的问题变成一组有着复杂关联的问题。"① 劳埃德在这里提醒我们注意他所关注的核心，即亚里士多德某些具体观点在其文本中表现出的不一致性。以耶格尔为代表的学者不假思索地将之看作"思想发展"的这些不一致性，劳埃德却提醒我们，重要的是反思为什么会产生这些不一致性，而非简单地将它们视为某种"发展"或仅仅是"表面的不一致"，换言之，劳埃德提醒我们注意的便是对亚里士多德研究基本范式的重新反思，以防不加反思地采取简单的"发展论"或"整体论"。因此，可以说劳埃德这部亚里士多德思想导读首先是对耶格尔发展论观点的一个积极回应，它是劳埃德对亚里士多德思想中的"不一致性"这一主题深入反思的成果。

如上文所言，本书最具特色和最有价值的诚然是第一部分劳埃德对亚里士多德思想发展图景的勾勒和一种折中立场的提出，尽管第二部分他对亚里士多德思想整体性的讨论也并非没有意义。这不仅是因为第一部分充满了作者自己的洞见和对根本问题的启发，而且因为劳埃德在第二部分对亚里士多德思想整体性的认识显然基于他对发展论的研究和批判。下面笔者将首先评述本书的第一部分。

劳埃德对亚里士多德思想发展图景的独特勾勒可以从与耶格尔观点的对比中凸显出来。可以说，劳埃德的这本《亚里士多德：思想的发展和结构》和耶格尔的《亚里士多德：发展史纲要》同属于着重探讨亚里士多德的思想发展的导读著作，从而区别于上文提到的罗斯等人的著作，但基于劳埃德的这一折中的发展论立场，他勾勒出了一幅与耶格尔所给出的截然不同的思想发展图景。耶格尔将亚里士多德的思想发展按照其生平分成了"学园时期""漫游时期"和"吕克昂时期"（或"返回雅典时期"），并认为亚里士多德这三个时期的思想发展是一个"没落的柏拉图主义和发展

---

① 劳埃德（2019：1－2）。重点号为笔者所加。

的经验主义的过程"①，按照这一整体设想，耶格尔自然会将亚里士多德偏重经验研究的著作例如《动物志》和《雅典政制》放在其思想发展的最后一个时期，并认为他的对话著作例如《欧德谟斯》和《劝勉篇》是学院时期的亚里士多德尚未脱离柏拉图主义思想束缚的证据，而其成熟的形而上学学说，例如四因学说和实体学说，则代表了其漫游时期的成果。② 虽然耶格尔只给出了这一发展框架，但其研究激发了一系列的对亚里士多德思想分支的研究，包括逻辑学、形而上学、物理学等。然而，劳埃德指出，耶格尔证明其"不断增长的经验主义图景"的两个重要依据都是不成立的：第一是《欧德谟斯》和《劝勉篇》表明亚里士多德仍然持有柏拉图主义的观点；第二是生物学著作都属于吕克昂时期，也就是重返雅典的时期。劳埃德在"第一部分"的"第二章"中③详细分析了这两个残篇对话作品的思想性质，他认为《欧德谟斯》尽管包含了与亚里士多德《论灵魂》的观点明显相左并与柏拉图《斐德罗篇》中的灵魂神话内容相近的灵魂观，但《欧德谟斯》却只不过是"一个安慰，而不是对灵魂本性的一个系统的分析，更不要说是对知识问题的系统分析了……事实上，鉴于对话的主题，可以怀疑是否有任何这类的学说在其中被清晰地表述过"④。此外，《欧德谟斯》中的细节论述可以表明，亚里士多德已经开始修正他老师的灵魂学说⑤。《劝勉篇》中尽管包含了类似于柏拉图所说的"摹本说"，但从细节上看，《劝勉篇》和《理想国》对人工制品的具体理解是不同的。⑥ 尽管《欧德谟斯》和《劝勉篇》都隐含了"灵肉分离才是灵魂的自然状态"、"灵肉结合是灵魂的苦行"这样的柏拉图式的观点，但这并不是将它们归结为柏拉图主义对话的依据，因为早期希腊思想家譬如毕达

---

① 劳埃德（2019：14）。

② 劳埃德（2019：14）。

③ "欧德谟斯"和"劝勉篇"两节。

④ 劳埃德（2019：20）。

⑤ 劳埃德（2019：22）。根据辛普利丘（Simplicius）的记载，在《欧德谟斯》中亚里士多德宣称"灵魂是一个形式"，但这一思想显然不能在柏拉图的著作中找到，这就表明亚里士多德在学院时期对"形式"的理解尽管不同于其后来的成熟观点，但已经背离了柏拉图的教诲。

⑥ 劳埃德（2019：23）。

哥拉斯也同样持有这样的观点①；要得出这一归结，就要找到亚里士多德明确承认柏拉图的先验形式学说的依据，但这种依据在这两篇对话中至少是模糊的，而背离柏拉图学说的依据却是可以被发现的。因此，我们只能够说这个时期的亚里士多德多多少少受着柏拉图的影响，但却已经开始修正甚至背离他老师的学说。此外，亚里士多德的生物学著作全都属于吕克昂时期这一观点也有明确的证据予以反驳，因为《动物志》中的许多地名都是亚里士多德漫游时期所光顾之处，因此生物学研究显然在其漫游时期就已经开始了。② 劳埃德对耶格尔的"一个最终的、更为一般的反驳是，他在独断论与经验主义之间，或形而上学与科学研究之间所做的对比，是过于简单了。科学研究不是随便进行的，而总是依据一定的或多或少明确的理论或假定，亚里士多德也不例外"③。

按照劳埃德自己的观点，亚里士多德实际上甚至在学院时期就已经开始了对柏拉图形式学说的批评，这不仅基于早期对话中的文本证据，而且基于《论形式》（或译《论理念》）这部佚作以及《形而上学》A 卷第 9 章中他对人称的使用，因为在这两个文本中亚里士多德仍用着第一人称复数"我们"进行对柏拉图形式理论的批评，这表示他仍当自己是学院团体中的一员④。其次，生物学著作⑤大体上可以被归为漫游时期；而如果生物学著作的时期确定的话，构成亚里士多德成熟哲学的核心部分的实体学说、四因学说、形式与质料学说、潜能和现实学说等等，则要么是在其学院时期，要么是在离开雅典不久之后也就是漫游时期之前就已经提出了，这是因为生物学著作对自然物种的经验研究已经预设了实体、质料和形式、四因等这些概念⑥，而并不像耶格尔所认为的那样是纯然的实证研究

① 劳埃德（2019：23）。
② 劳埃德（2019：15－16）。
③ 劳埃德（2019：16）。
④ 劳埃德（2019：28）。
⑤ 《动物志》《论动物的部分》《论动物的行进》《论动物的运动》《论动物的生成》。
⑥ 劳埃德指出，亚里士多德研究动物并不是为了"发现事实（事物是这样），而是要揭示原因（它们如何和为什么是这样），而且特别是要揭示目的因和自然作品中没有偶性"，一言以蔽之，生物学研究最终是为了揭示"自然物种的永恒性观念和完满的等级"。见劳埃德（2019：46、58）。

或经验研究，此外，实体、形式与质料、四因、潜能与现实这些理论与其说是从具体经验研究中总结出的产物，不如说是对柏拉图以及早期哲学家一贯的形而上学问题的反思结果，譬如"什么是存在者"、"是否有生成"这样的问题，而对这些形而上学问题的相对独立的研究恰恰与学院派成员这一身份恰恰对应①。再次，除了生物学研究以外，逻辑学的三段论学说、科学方法学说，物理学的四元素自然运动以及第五元素以太圆周运动的学说、第一推动者的学说等或许属于漫游时期，但劳埃德强调了给这些具体学说定位的困难，以及这些结论的猜测性质。最后，经验研究和形而上学研究在他的吕克昂时期是并重的，这一时期亚里士多德一方面组织许多学生和朋友进行了大量的经验研究，例如《雅典政制》很可能就是对政体的历史集成研究的一部分；而另一方面他仍然在修正和推进"不动的动者"学说，《形而上学》Λ卷第 8 章对不动的动者数量问题的研究很可能就属于这一阶段，此外，论著中修订和补充的痕迹表明，他在这一阶段仍在不断补充他原先已经提出的思想。② 可以看出，按照劳埃德给出的这一发展线索，除了其一开始就对老师柏拉图的思想抱着批判态度这一点，以及创作生物学著作和提出形而上学诸学说的阶段定位是确切的之外，许多其他具体学说的确切时期都是难以确定的，然而，另一方面，对于其绝大部分的具体学说我们都可以找到与漫游时期有关的证据，而它们几乎构成了亚里士多德哲学的整体，因此，我们绝无法确切地说，他的物理学、伦理学或形而上学中哪一部分是吕克昂时期才提出而不是在漫游时期就已经提出的，而这一点无疑是对亚里士多德思想整体性的一个承认，甚至是一个证明。③

尽管劳埃德对亚里士多德思想发展的研究揭示了发展论者所追求的阶段定位的困难以及其思想的本身整体性，但这一结论并没有把劳埃德推向强整体论的阵营，相反，他依然肯定耶格尔观点的开创性意义。耶格尔发展论观点的提出和盛行反映的是当时的古典学学者对待思想史文献的一种

① 劳埃德（2019：58）。
② 劳埃德（2019：63 – 67）。
③ 劳埃德（2019：190）。

态度，即历史学态度，而处于对立面的整体论者反映的则是另一种态度，即哲学诠释的态度。按照一种极端的历史学态度，我们仅仅需要摄取思想史文献的表面意涵（face value），并将它们概括为"抽象的本体论"、"具体的经验主义"等等这样的思想类型，而这些孤立的思想观点及其相互矛盾，就被排列在思想家的时间轴上，如此一来义理的联系，亦即文本的内在理路、观点与观点之间的逻辑联系，在这种历史学态度之下便被时间的联系替代了，而这多多少少是由于历史学者与其说是在研究思想本身，毋宁说是在研究思想家的生平历史，思想家的思想只不过是其个人史的一部分。而按照第二种态度，义理的联系便是文本解释中唯一需要考虑的因素，这样一来思想家的思想必然要按照一个系统性的静态整体而被理解，但如果将之推至极端的话，则思想家的思想将独立于思想家的现实历史状况而自成体系，如果这一体系是融贯自洽的，那便是"正确的"；反之则是"错误的"，从而思想史整体则会变成了一个由诸多"错误论证"和"正确论证"构成的整体。如果说这就是强发展论和强整体论背后的思想态度，那么我们是否必取其一？实际上，正是耶格尔发展论这一对立面的出现也才将整体论者背后秘而不宣的研究方法和思想态度真正揭示出来，而正是在这个意义上，劳埃德才说，耶格尔发展论研究具有开创性意义。耶格尔发展论是对亚里士多德研究的研究方法的一次重新反思，以及由此得出的一种亚里士多德研究"新途径"，并且其研究是比其他发展论学者的研究更为成功的一项研究。无论其正确与否，这一重新反思毕竟是重要的，它促使我们重新看待亚里士多德思想中的各种"不一致性"或"矛盾"：对于某个概念的两种相反理论，究竟是把其中一个理论还原到另一个理论之上，或把其中一个解释为"表面的结论"，还是把其中一个解释为另一个的发展？整体论方法和发展论方法的这一对立难道穷尽了所有的研究范式吗？通过对这同一问题的反思，劳埃德给我们呈现的是一种折中的发展论立场，或折中的整体论立场，这一立场不仅避免了耶格尔的简单发展论观点中的谬误，而且避免了强整体论为解释不一致性而可能造成的刻意歪曲。例如，灵魂作为"自然有机体第一现实性"的理论和心脏作为生命功能的处所的理论似乎是矛盾的，但劳埃德指出，"没有任何良好的理由说明为什么亚里士多德不能同时持有两个学说"，因此没必要证明其中一种观点其实是不存在的，或者是一个发展。此外，在不动的动者的数目问题上，以及在生物与非生物的界限问题上，我们都没法断定亚里士多德最终采取了某一结论，或他最终发展出了哪一结论，因此，保留这种不确定性便是必要的。① 可以进一步说，劳埃德对"结论不确定的保留"的建议只是一个初步建议，它启示我们，在处理各种矛盾之前仍需要通过深入研究区分矛盾的各种类型，哪些矛盾是通过还原可以得到解释的，哪些是纯然疏忽，哪些可以被归结为态度的转变亦即"发展"，哪些是真正无法调和的，他为什么会产生这些无法调和的矛盾？其中哪些反映了他自身的思想局限性和历史局限性？尽管劳埃德这本书成书于 1968 年，但直至今日，对这一"元问题"的思考和研究可以说才刚刚开始。

　　劳埃德这本思想导读的第二部分"亚里士多德思想的基本要素"包含了"逻辑学与形而上学"、"天空区域的物理学"、"月下区域的物理学"、"心理学"、"伦理学"、"政治学"、"文学批评"、"结论"八章。值得注意的是，劳埃德对亚里士多德思想内容的整理方式是相当独特的，首先，对《形而上学》的内容只做了非常简略的介绍，而实体、形式和质料、潜能和现实这些核心形而上学学说的介绍则被放在了本书第一部分对学园时期工作的介绍当中。第二，生物学的主要内容在本书第一部分被当作亚里士多德漫游时期的工作得到介绍之后，便在第二部分中被省去了。第三，尽管省去了生物学的内容，但他对自然哲学整体的介绍却是相当系统性的，这一点可以从"天空区域的物理学"、"月下区域的物理学"和"心理学"三部分的思想连续性看出：自然哲学—物理学处理的是运动变化的事物，而运动是从月上的不动的动者和天体传递到月下的四元素的自然运动的；自然物体的生成和运动遵循自然目的论原则，而生物，也就是有灵魂的物体的生成和运动最能体现这一原则，从而被视为自然物体的典范。② 不同于罗斯《亚里士多德》按照《亚里士多德全集》的著作顺序进行介绍的介绍方式，劳埃德让著作顺序服从于思想逻辑的顺序，例如"天空区域

---

① 劳埃德（2019：184）。
② 劳埃德（2019：103 - 104、116）。

的物理学"关于不动的动者、天体圆周运动和第五元素的介绍实际上涉及《物理学》第八卷、《形而上学》Λ卷、《论天》的内容，"月下区域的物理学"关于月下四元素和元素合成物的介绍涉及《论生成与毁灭》、《气象学》的内容。总体上，第二部分的一个相当突出的特征是，劳埃德对各个主题的介绍都是相当简略和扼要的，这一特征一是由于前面所提到的，对思想整体性和系统性的呈现需要将文本顺序置于思想顺序之后，二是由于劳埃德将另一半的篇幅用于自己对这些主题内容的评论，这些评论常常涉及亚里士多德观点与现代观点的比较；此外，通常被称为亚里士多德核心思想的实体学说、四因说、形式与质料学说、潜能与现实学说都被他放在了本书的第一部分进行介绍，这显然是为了突出这些核心思想与柏拉图学说的批判性继承关系，而第二部分所介绍的许多内容恰恰是一些其他同类著作所不重视的主题，譬如《论生成与毁灭》中的元素理论和《气象学》中的元素合成物理论①，以及《形而上学》Λ卷第8章中的复杂的天文学处理。以上种种，一方面体现了劳埃德对亚里士多德自然哲学的系统性的强调；另一方面，对自然哲学中看似次要的主题的强调，不仅体现了劳埃德自身的价值取向，它们同时也是劳埃德引导我们作为亚里士多德研究者应当加以关注的理论要点。

最值得一提的部分，笔者认为是第二部分最后一章的"结论"。这一章是对亚里士多德思想整体性的集中说明，在其中劳埃德总结了亚里士多德的方法及贯穿其思想整体的几个理论预设。劳埃德将亚里士多德的方法概括为在理论预设框架之下使用辩证法处理经验依据，这一方法通常又被称作"拯救现象"，现代学者对这一方法的研究讨论已经相当充分了。② 但他对几个理论预设和核心特征的总结却是十分出色并且十分重要的，除了"形式与质料"③、"潜能与现实"、"目的论"这些通常被明确表达的、我

---

① 劳埃德对《论生成与毁灭》与《气象学》中元素理论的重视多多少少是基于这一洞见，即元素的运动方式及其合成物的合成方式（动物的骨、肉、器官等等）是亚里士多德对自然物体质料因的研究，对立于心理学和生物学中对自然物种及其功能的形式因研究，而亚里士多德曾明确提醒，自然哲学家要着手形式和质料两方面的研究。

② 自 G. E. L. Owen 的 "Tithenai ta Phainomena"（Owen, 1986: 239 – 251）这篇经典论文以降，无数学者写过这一主题的专题论文，或在其他研究中包含了这一主题。

③ 与此联系的还有"界限和中道"的学说。

们非常熟悉的理论预设之外，劳埃德还提到了"宇宙论的统一性"、"宇宙的永恒性"、"合理性"和"权威主义"。① 由于从神到生物到元素每一个存在者在宇宙的存在链条中都有其等级和位置，宇宙本身是一个整体，因此这个宇宙整体是永恒的，因为尽管月下区域有运动和生成发生，但自然生物的物种却是永恒的，天体的圆周运动和不动的动者也是永恒的。此外，宇宙整体的永恒性也包含着合理性，亦即宇宙是一个有着永恒秩序的和谐整体，这体现在自然世界——包括月上区域和月下区域——的生成和运动都是按照"永远如此"或"绝大多数情况下如此"并为了某个目的这一"原理"（logos）发生的，偶然性和自发性是从属于自然目的的，而正因为宇宙本身是一个和谐统一、有秩序的整体，宇宙论，作为对宇宙的内在原理（logos）的描述（logos）本身也是一个整体，因此伦理学、政治哲学与物理学、形而上学并非没有关系，人也并非是高于自然和宇宙的"有理性者"。最后，这一宇宙整体的存在者之间存在着普遍的统治者—被统治者关系，譬如政治中主人—奴隶关系，生物中灵魂—身体关系和雄性—雌性关系，以及宇宙整体中神与万物的关系，劳埃德称之为"权威主义"。劳埃德指出，作为亚里士多德哲学的核心特征的宇宙永恒性、合理性和权威主义，与现代科学信奉的膨胀宇宙观、物种演化观、测不准定理以及现代社会对自由和平等的追求等等是截然对立的，对这些理论预设的概括突出了亚里士多德思想的历史局限性或时代局限性。尽管劳埃德并没有深入探讨这些局限性的原因，但无论如何，对亚里士多德思想背后这些理论预设的讨论无疑具有重要价值，这也是其他同类思想导读著作难以与之相匹敌的一个部分。

总之，劳埃德《亚里士多德：思想的发展和结构》这部思想导读有其价值，并且其价值是明确的：劳埃德在批评耶格尔命题的基础上试图发展出一种折中的立场，从而在亚里士多德思想发展脉络的探索中揭示了其思想的整体性，但这并不导向一种盲目的还原论，而是启发我们重新思考亚里士多德研究范式的问题。另外，劳埃德着重强调了自然哲学的整体性，

① 劳埃德（2019：182－194）。

以及整个亚里士多德哲学的整体性，并深入发掘了这种整体性背后的理论预设。但必须承认，本书第二部分对亚里士多德思想内容的介绍相比于罗斯、希尔兹等人所著的同名著作，在详尽性上可以说是十分不足的，譬如劳埃德仅仅在"逻辑学与形而上学"一章的"形而上学"一节中仅非常简略地概括了《形而上学》核心卷的内容，并且他对"实体是什么"这一问题的观点也是十分模糊的，此外，他也几乎不曾涉及到《解释篇》和《论题篇》的内容，但这些内容并非不重要。这些不足多多少少可以通过其他同类思想导读得到补充，尽管如此，它们并不影响这本书的核心价值的分量。

参考文献

劳埃德，杰弗里·E. L.：《亚里士多德：思想的发展和结构》，聂敏里译，人民出版社 2019 年版。

罗斯：《亚里士多德思想的发展》，载聂敏里（选编）《20 世纪亚里士多德研究文选》，华东师范大学出版社 2009 年版。

欧文：《亚里士多德的柏拉图主义》，载聂敏里（选编）《20 世纪亚里士多德研究文选》，华东师范大学出版社 2009 年版。

耶格尔、维尔纳：《亚里士多德：发展史纲要》，朱清华译，人民出版社 2013 年版。

Graham, Daniel W., 1987, *Aristotle's Two Systems*, Oxford：Clarendon Press.

Lloyd, G. E. R., 1968, *Aristotle：The Growth and Structure of His Thought*, Cambridge：Cambridge University Press.

Owen, G. E. L., 1986, "Tithenai ta Phainomena", Owen, G. E. L., *Logic, Science and Dialectic：Collected papers in Greek philosophy*, ed., by Martha Nussbaum, Ithaca：Cornell University Press, pp. 239 – 251.

Reeve, C. D. C., 2000, *Substantial Knowledge：Aristotle's Metaphysics*, Indianapolis：Hackett Publishing Company.

Ross, Sir David, 1995, *Aristotle*, London：Routledge.

Thomas Aquinas 对 Aristotle 形上学的诠释与继承

——《论存有与本质》与《形上学评注》[*]

刘康（LIU Kang）^{**}

摘要： Thomas Aquinas（多玛斯·阿奎那）的神学与哲学体系，是建立在 Aristotle（亚里斯多德）的形上学之上的，其影响可谓是贯穿他一生。这从他的少作《论存有与本质》与晚期著作《形上学评注》就显而易见。因此，要想深入理解多玛斯的哲学体系，必须先理解亚里斯多德的形上学体系。而他的形上学体系的核心问题，就在 ὄν、εἶναι 和 οὐσία 之间的关联。本文从探讨 ὄν 的多义性着手，讨论亚里斯多德形上学建构模式：普遍复合物，原因则在于亚里斯多德所建构的形上学模式是"实体形上学"。他的万有生成论的模式是：Subsatntiis compositiis（复合实体）。"复合"（compositum）是从种（species）与属（genus）开始的"层层堆叠"。正是因为这种模式他才确立了与其师 Platon（柏拉图）的"分离论"不同的"内在论"。多玛斯的"物之形上学""种类说"与"形质论"也正就是依此模式所建立的。多玛斯在《形上学评注》中的讨论，主要表现在关于太一及其与 ens（Being），也就是"一与存有"的关系之中。他的论点则是"一之为物是指未分的存有""一物之实体即是'一'和'自存的有'，而不是某物加之于它"。因此他提出"存有与一可被互换"的论断。这句格言

　＊　本论文的研究，承辅仁大学"于斌枢机主教天主教人才培育基金"的资助，谨此致谢！

　＊＊　刘康，辅仁大学哲学系助理教授（LIU Kang, Assistant Professor, Department of Philosophy, Fu Jen Catholic University, Taiwan, China, Email: jingkl@ hotmail. com）。

所表明的是，中世纪哲学已然完成从柏拉图为基础到以亚里斯多德为基础的"典范转移"，多玛斯对于 ens 的看法，则可视为是与绝对者——上帝之间的关联。

关键词：多玛斯；亚里斯多德；柏拉图；存有；形上学；实体；

Thomas Aquinas' Interpretation and Inheritance of Aristotle's *Metaphysics*

From *De ente et essential* and *Commentaria ad Metaphysica Aristoteles*

Abstract：The theological and philosophical system of Thomas Aquinas is based on the metaphysics of Aristotle, whose influence is throughout his whole life. This fact is clear from his earlier work "*De ente et essentia*" to later work "*Commentaria ad Metaphysica Aristoteles*". In order to understand the philosophical system of Thomas, it is necessary to elucidate the metaphysics of Aristotle. The core problem in his metaphysicsis the relation between ὄν, εἶναι and οὐσία. We begin our inquiry from the diversity of ὄν, to elucidate the Aristotle's mode of construction of metaphysics：universales concretum, because his mode of metaphysics constructing is that of οὐσία. From this starting point, he builds his theory of genesis with mode of Substantiis compositiis. Composite means the layer on layer mode of piling, which begins from species and genus. It is just because of this mode that he can establish his Immanence theory which is different from his master Plato's Chorismos theory. The theory of "metaphysics of things", "Species-Genus" and "Form-Matter" of Thomas is built on this mode. In the "*Commentaria ad Metaphysica Aristoteles*", Thomas discusses mainly on the relation between Unum and Ens, namely, One and Being. His arguments are："One is that of undifferentiated Being", "The substance of one thing is "One" and "Being on itself", but not something added to it". So he concludes that "Being and One are exchangeable". This elucidates clearly that the medieval philosophy has finished its paradigm shift from Plato to Aristotle. Thomas' view of Being can be understood as the relation with the Absolute：God.

Key words：Aquinas；Aristotle；Plato；Being；metaphysics；substance

"*De ente et essentia*"《论存有与本质》是 Thomas（多玛斯）的第一本哲学著作，是他在第一次巴黎之旅中完成的，时间约在 1252 年或 1253 年，时年 27 岁。此书虽是他第一部作品，但在其哲学的整体建构中，却有着特殊重要性，因为他日后所发展出的所有主要观点，都已包含在此书之中①。

从书名就能看出来，此书所探讨的主题是起源自古希腊的存有论，而且是在 Aristoteles（亚里斯多德）的传统之中，而非 Platon（柏拉图）的。起源于 Parmenides（巴门尼德）的希腊 Ontologie，是西方形上学之中最重要、却也是最艰涩的理论。此一理论的艰涩，不仅在其内容的抽象，也在于"ens"此字的多义性。

一　"*De ente et essentia*"

（一）问题的起源：ὄν, εἶναι和οὐσία

当我们将文本通览一遍后，并将焦点放在 Thomas 所选用的术语上时会发现，虽然他在此作品的书名用的是 ens（ente 是 ens 的 ablativus，因介系词 De 之后要接 abl.），但其实在文本中 esse（系动词 copula 的不定式 infinitivus）出现次数却远多于 ens（系动词 esse 的现在主动分词的 nominativus）②。既然如此，Thomas 为何要选用 ens 做标题，却不用 esse 呢？原因可能有二：一是因为介词 de 之后要接 ablativus。但是 esse 作为动词不定

---

① Thomas von Aquinas（1959）。这是译者 Rudolf Allers 所写的导论。

② 笔者以电脑统计字数，也证实了此一印象。ens 出现次数有 14 次，ente 有 3 次，合共 17 次；esse 有 127 次（不包括 esset 等动词形式）；essentia 有 85 次。可见多玛斯真正想要用的术语是 esse。

式，却并无名词那样的变格（declination），没有 ablativus 的形式，因此只能用 ens 的 ablativus 形式 ente 才行；第二个原因是，此一术语是巴门尼德首先使用的，他在教谕诗中对万有起源的描述，用的就是ὄν（ens）而非εἶναι（einai）。

Charles Kahn 关于系动词的研究指出它有 4 种意义：1. copula；2. identity（同一）；3. existence（存在）；4. veritas（真理）①。而巴门尼德之所以选用此字，显然注重的是其最直接的意义"是"。因为ὄν是真理，所以它必然且一定存在，而且不能不存在。值得注意的是，此一ὄν之所以必然存在，不仅因为它是真理，而且还因为它是一个实体：巴门尼德将之描述为一个圆满的球体，隐喻真理即完美，而万有之生成，皆起源于它（Fragment 8）。因此，希腊的 Ontologie 从开始所探讨的对象，就是一个实体，而非只是抽象的观念。真理之所以永恒并且存在，是因为它是一个实体，而非仅是观念或状态。

从巴门尼德以来，西方哲学家并未严格区分ὄν与其不定式εἶναι和名词οὐσία之间的区别。巴门尼德主要使用ὄν，但他在 Fragment 3 描述"思想与存在是同一的"之时，却又改用 infinitivus εἶναι：

$$\text{τὸ γὰρ αὐτὸ νοεῖν ἐστίν τε καὶ εἶναι.}$$

"思想一字用的也是动词 infinitivus：νοεῖν。可见当他使用动词的 infinitivus 时，是为了注重其具有此一功能的特性，而此特性即其本质。用动词不定式而不用名词νόησις，正是为了凸显思想一如存在，是一个具有特殊能力、能动的实体，而其能力则源自其本质。由此可以看出，ὄν这个词的多义性，在最初的使用中就已显现。巴门尼德使用ὄν，而非εἶναι来表述作为万有初始的"是"，显然是用现在进行分词的文法形态来表明，真理是一开始就已存在，并且将一直存在下去，直到永远。注重的是其已在、正在与永在之意。

未曾区分ὄν的诸种形式本来并未引起问题，两千多年来西方的 Ontologie 一直都是任意使用ὄν，εἶναι和οὐσία，视之为同义词。这完全正

---

① Kahn（1973）．

常，因为他们本来就系出同源。直到 Heidegger（海德格尔）在他的经典名作 *Sein und Zeit*（《存在与时间》）一书中，一开始即大声疾呼 das Seiende 并不是 Sein，Ontologie 的根本问题，正是 Seinsvergessenheit（遗忘存有）。这才引起学者们注意到 ὄv 的不同形式所代表的意义，应该是有差异的。

　　为何在巴门尼德的描述中，ὄv 既是存有，也是一（ἕv），又是本质（οὐσία）？对他而言，有没有"遗忘存有"的问题？对此问题，有两种诠释。第一种是 Plato 的批评。他敏锐地看出，在前苏格拉底学派形上学的核心问题——"一与多"的关系之中，巴门尼德只论证了"一"的合法性，却遗忘了"多"；Heraclitus（赫拉克利特）则相反，只论证了"多"，却遗忘了"一"。因此，柏拉图晚年对前苏学派的批评和他自己早年相论的修正，其关键正是"一与多的关系"的问题："一中之多"与"多中有一"如何可能？

　　为了解决一与多如何融合的问题，柏拉图修正了巴门尼德所描述的 ὄv，并在 *Sophists*（《智者》）篇中阐述了他自己的 Ontologie。由于 ὄv 的多义性，他将 ὄv 分析为 3 个层面：1. 就 ὄv 自身（τό ὄv αὐτὸ）而言，ὄv 是有生命的（248e）；2. 就 ὄv 的功能而言，它有着使它物存在（具有生命）的"能力"（δύναμις）。在 *Parmenides*（《巴门尼德》）篇后半部的辩证法练习中，第一个推论的最终，太一（ἕv）由于不能有部分，所以它就不能与 ὄv 结合，以致于最终竟然无法"存在"，使得此一推论以矛盾和荒谬结束。由于太一作为相，而且是至高相，它当然应该是永恒不变的，但它却要与 ὄv 结合才能成为存在着的太一，表示柏拉图所理解的存在，是指在现象界之中，在此岸，也就是"在时间之中"（在彼岸无所谓存在与否，因为已然永在）。此意义下的存在，应该是指 existere，也就是人们习以为常的惯用语，相当于英文的 existence。此字由 ex + sistere（坚持）构成，意指向外生成并保持现状，这当然是指在时间、在此岸的"存在"了。第三个面向则是常为学者们所忽略的用法，那就是以 ὄv 的复数形 ὄvτα 所代表的万有。此处所说的万有是包含本体界与现象界、此岸与彼岸的一切对象。

　　第二种可能的诠释则是来自海德格尔，他之所以要回归古希腊是因为希腊哲学家，如巴门尼德、阿那克西米尼等人才是真正思考起源问题的哲人，因为他们是为"肇端"（Anfang）所捕捉（An-gefangn）。也就是，Sein 在他们那个时代尚未分化 das Seiende，也就是 λόγος，因此，对他们而言不存在"Seinsvergessenheit"的问题，因为他们并未"创造"什么学说，而是相反的，是 ὄν、λόγος 透过他们之口，向世人表达真理的本身。这从他在 1942 年的 Heraclitus 演讲课对 λόγος 的诠释中，就可以看得很清楚了。这是一个极为复杂的问题，在笔者的另一篇论文中有详论①。

值得注意的是，既然柏拉图使用 ὄν 此一存在相时，主要是注重其"代表万有"的特征。因此，ὄν 在其形上学体系中就不是一，而是多。而真正的一，则是太一（ἕν）。因此，在巴门尼德的 Ontologie 中具有核心地位的 ἐὸν，到了柏拉图的体系中，就被太一取代了。所以，柏拉图形上学中，万有的起源是 ἕν，而非 ὄν。他将 Ontologie 改造成 Henologie，其目的在于既要为万有的唯一起源——太一——论证，也要为万有 ὄντα（复数）确立合法性的基础。"一中有多，多中有一"如何可能？综观柏拉图在《巴门尼德》篇和《智者》篇中的论述可知，他提出的模式是"诸相的结合"，这明确显示，万有生成的模式是"组合"（συμπλοκή），这不仅是他对前苏格拉底学派形上学的总结——当然也受原子学派的启发；也深刻影响了此后 Ontologie 的发展，尤其是他的学生 Aristotle②。

（二）亚里斯多德形上学建构模式：普遍复合物

亚里斯多德对于形上学的建构，虽然出发点与柏拉图正好相反：他是从个别物出发，因此个别物在他的形上学体系中是第一实体，普遍者反倒是第二实体。但是，他对于万有生成过程的构想，却与柏拉图相同，也是以"组合"为基本模式。可见他其实深受其师的影响，并且仍然是在处理前苏格拉底学派形上学的核心问题，即"一与多""部分与整体"的问题。他的主要贡献则在于引入物质的观念，建立了著名的"形质说"，并

① Heidegger（1944/1979），GA. 55，S. 243；刘康（2016）。
② 此问题十分复杂，并牵涉柏拉图的"未成文学说"，此处无法详论。笔者有论文专门讨论此问题——刘康（2015）。

借由载体（ὑποκείμενον）和范畴论，建立了以οὐσία（本质/essentia）为核心的实体形上学。

　　如果说柏拉图的生成论（γένεσις εἰς οὐσίαν）是建立在诸相有生成的"能力"（δύναμις）的理论之上的话（详见《智者》篇），其显而易见的缺点则是，他不曾论证物质的功用，遑论赋予其合法性。亚氏看出了其师理论的缺陷，也因此，他的形上学出发点也正是物质。他在 Kategoria 这部早期著作中，首先提出了"载体"的说法，并在晚年的《形而上学》中又重复了此说，可见其重要性。载体为何重要？因为万物生成的机制的关键在于"组合"——这也是 composita（组合）一词时常出现在多玛斯此书的原因。亚里斯多德将万有分成 10 个范畴，只有第一个是自立体，也就是载体。因为能承载物者，当然是一个"实体"，拉丁文的 substantia，正是希腊文 ὑποκείμενον 的对译。亚里斯多德生成论的基本模式是著名的形质说。物质是中性的受造物；形式（相当于柏拉图的相）则赋与其特有的本质（essentia），两者结合于载体，一物才能生成、存在。

　　这也可以解释，为何存有（ens/esse）、存在（existentia）与本质（essentia）都源自同一个系动词 ὄν。存在固然对于万有而言，都是同一的，但存在却是源自载体，也就是实体。每一个实体都有形式所赋与它的特性，也就是本质。这也就是每一个别物生成的过程。

　　但形式因加质料因仍然只是万有生成过程中的潜能而已，尚未实现，仍需要动力因与目的因。而动力因，就是存在自身。值得注意且必须厘清的一个基本问题是，亚里斯多德所建构的形上学体系，一如其师柏拉图，其目的也是既要为个别物辩护，也要为普遍者、也就是那贯穿万事万物的最原始且唯一的最高存有，亚里斯多德也同意，那就是神。所以他在核心卷 ZHΘ 之后，紧接着讨论的对象，就是神的存在的问题了。M、N 卷也因此被称为神学卷。

　　一个重要的问题是：个别具体物与最高普遍者之间是如何产生关系与连结的？陈康先生指出，这是一个为多数人所忽略、但却很重要的问题。他认为亚里斯多德所提出的"普遍复合物"（σύνολόν/universales Konkretum）正是为了解决此一问题的中介者①。如前所述，万有生成的过程是一个不断"组合"的过程。但是，由于载体所承载的诸个别物要如何与"存有本身"（τὸ τί ἦν εἶναι）结合，即，存有作为动力因，要如何作用于个别物？此处的难点在于，个别物是在现象界，存有则是在本体界。这仍是一切形上学都必须面对的难题：现象与本体之间的鸿沟要如何跨越？多与一之间如何才能发生关系？亚里斯多德对此一难题的解答则是σύνολόν。

σύνολόν理论的重要性在于，它可以很恰当地提供一个连接此岸与彼岸、自然界与本体界以及本质与存在的桥梁。Kenny 明确指出，一物的本质并非只是其物质而已。物质本身是不确定的，不受限于任一种类，而一物之本质是那使其属于一个特别的属（genus）与种（species）的内涵。本质也非纯粹形式：一物之本质是为其定义所表述者，而一自然实体的定义，既会提到物质，也会提到形式。② 因此，本质并非一种超越并凌驾于物质和形式之上的第三者，而是一个介于它们之间的某种关系。用多玛斯自己的话来说，就是：

> 因此，本质既包含了物质，也包含了形式。
> Patet ergo quod essentia comprehendit materiam et forma（2：26）

他并引述 Boethius（波伊提乌）对 Kategoria（《范畴》）篇的评注中所说的：（οὐσία）所表述的，是一复合物（quod usia significant compositum）（Ⅱ，40）。而οὐσία在希腊文中的意义，等同于我们所称为本质者（Ⅱ，44）。

但οὐσία本身就是一个多义词，在拉丁文中，通常译为 essentia 或是 substantia，前者是指本质；后者是指实体③。按οὐσία一词的本意原是指一具体物，相当于财产。希腊哲学家中，第一个使用此字的应该是柏拉图。

---

① 陈康（1987：131 – 137）。陈康先生在其博士论文：*Das Chrorismos-Problem bei Aristoteles* 的第 2 卷，第 19 章（Das universale Konkretum）对此问题有较详尽的论述，笔者已经将其译为中文，刊载于 2014 年 12 月出版的《哲学门》第 30 期，第 1—8 页。

② Anthony Kenny（2002）.

③ 因此字的多义性，现今学者们已倾向直接用原文，而不翻译了。如 Günther Patzig（1988）一书就详细讨论了此字的复杂性，以说明为何保留它的原文而不译的原因。

在 *Euthyphron*（《欧悌甫戎》）篇中，用此字指财产；到了 *Sophists*（《智者》）篇中，则赋予它以哲学的意义，用以指涉存有到底是一还是多的问题。显然，此处的存有当然是一种实体，不然就无所谓是一还是多的问题；而不止是一种状态（在时间之中），或能力（δύναμις），而是指在时间之中，有能力存在，并使万有也存在的那个实体。

因此，问题的核心仍然是：先有存在还是先有本质？是本质确保了存在？还是存在赋予本质以存在？对巴门尼德和柏拉图而言，这个问题相对清晰明白些。ἐὸν 是一个实体，无始无终、永恒存在。当然是实体使其存在；对柏拉图而言，ὄν 是一个作为相的存在：身为相，它当然有（是）实体，也有存在的"功能"。它自身是"存有"的（Sein），具有使它物存在（Existence）的功能。对亚里斯多德与多玛斯而言，问题较为复杂。该书第一章的主题就是阐述本质与存在的区别。他首先指出，本质就是"为某物之定义（per definitionem quod significatur）所表述者"（Ⅰ，35）。因此，他也将 essentia 表示为 quiditas，用动词短语表示则是 quid est。因此，多玛斯认为："所谓的本质，是指在者籍由它，并且在它之中拥有存在（esse）。"（Sed essentia dicitur secundum quod per eam et in ea ens habet esse.）（Ⅰ，50）

在第 5 章他更明确地指出，本质与存在是不一样的：

一物的存有之自身（ipsum esse）却不能源自其自身的形式（forma）或本质（ab ipsa forma rei vel quiditate）。这里所说的原因（causatum），是指动力因（a causa efficiente）。因为，若一物为其自身的原因，并赋予其自身以存在（esse），这是不可能的。因此，每一物的存在（esse），必然与其本质（natura）不同（aliud），是从它处拥有存在（habeat esse ab alio）。因为，一切事物，只要其原因是来自第一个它者，最终就会回归一，就其自身而言是第一个起源（reducitur ad id quod est perse sicut ad causam prima）。因此，对万物而言，必须要有一个作为它们的原因的存有（causa essendi），而其自身就只是存有（eo quod ipsa est esse tantum）。若非如此，原因的序列将迈向无穷尽。因为就万物而言，只要它们并非存有自身（只是存有）（esse tantum），其存在就需要原因。因此，精神必须来自形式与存在，而其拥有存在，是来自第一个在者，而它就只是存有（Patet ergo quod intelligentia est forma et esse et quod habet esse a primo ente, quod est esse tantum）。这是第一起源，那就是神（Et hoc est causa prima, quae Deus est）。（V, 80）

（三）物之形上学

这两段话可视为该书最重要的段落，也是青年多玛斯哲学思想的总纲。Eleonore Stump 将多玛斯的形上学描述为：物的理论（A theory of things）。为何是物？因为物不只是实体，也包括构成实体的内在部分，如人的手、房子的屋顶；和形上的部分，如物质与形式，它们构成物的方式与其内在部分不同。Stump 也指出，有两个原因导致了多玛斯物的理论之疑难。一是拉丁文在英文中难以找到相对应的同义词。可想而知，这主要是针对系动词 esse 而言；二是当代形上学对多玛斯形上学的许多核心议题是有争论的①。

为何以"物之形上学"来描述多玛斯的形上学？因为他的形上学和存有论的建构，所依据的亚里斯多德模式，正是一种解释万有生成过程与机制的理论。而这两个段落的重要性也正在于，它们解释了存在与本质之间的差异与关系，以及万有如何由原初的第一原因——作为只是存有（esse tantum）的存有自身（esse ipsum），也就是神获得他们自己的存在（esse/existence）。

此处我们来到了多玛斯的 Ontologie 中几个困难的关键点，也就是存在（esse/existence）与本质（essentia）之间内在的关系，以及它们与外在的万有生成之间的关系的问题。之前曾经提过一个费人思量的问题，即，多玛斯是否有像海德格尔那般，区分 Sein 与 Seiende？还是像巴门尼德那般，并无区分？他在文本中的确并未说明，因为这对他从来不是个问题，esse 动词的多义性对他们那个年代的人是很正常的。从上述引文中的用词可

---

① Stump（2003：35）.

见，多玛斯应该还是有所区分的。由于 esse 多义性所造成的混淆，也影响到中文翻译，本文采用李震的三种译法：1. εἶναι/existatia，esse/existence 译为存在，主要取用 ex-sistere 之义，指一物向外（ex）站立（sistere），表示存一在——在时间之中，即某物之存在。2. ὄν/esse ipsum，ens primum/being 译为存有，表示那使万有能够存在、超越于万有之上的第一因。ἐὸν 是巴门尼德的用法，ipsum 与 primum 都是为强调其作为"第一因的自身"的特殊地位；3. οὐσία/essentia，natura/essence，nature 译为本质或本性，表示每个个别物其自身源自本质的独特性与差异。①

关于作为某一物的只是存有，多玛斯是这样解释的：

> 设若有某一物，它只是存有（esse tantum），以致于此一存有自身是存在著的（ita ut ipsum esse sit subsistens），此一存有（hoc esse）不能接受任何表示区别的附加物。因为，这会使得它不再只是存有，而是除了存在之外还是某一种形式（hoc forma aliqua）；它当然也不能接受物质的附加物，因为这将使它不再是自立的存有（esse subsistens），而是物质的了。因此，就此物而言，若它就是其自身的存在的话，（quae sit suum esse），它就只能是单一的了（non potest esse nisi una，直译为：它若不是一，也就不能存在了，或：它不能不是一个）。（V，78）②。

关于第一因与万物生成之间的关系与模式，多玛斯的论述如下：

> 因此，存在（esse）与本质（essentia）或"是什么"（quiditate）是不一样的，除非是指涉那个其本质（quiditas）就是其存在之自身（cuiusquiditas sit ipsum suumesse），而这是能是一（una）与最初（prima），因为，复制（plurificatio）只能或者是借由任何表示差异的附加

---

① 李震（2004）。笔者对他的译法略有修正：他将 ens 列在存有，本文则改为 esse。将 ens 译为在者，esse 则主要表示个别物由于从本质而获得的存在（existatia）之意。这也可以解释为何该书书名中用的是 De ente，但文本中 esse 出现的次数却远多于 ens。因 esse 既可表个别物之 existence，esse ipsum 又可表示最普遍的第一存有。

② Bobik 在翻译此段时，将 ipsum esse sit subsistens 译为："this existence is subsistent."漏译了 ipsum（Bobik，1988：160）。

物（per additionem alicuius differentiae）才有可能，如同属的本质（natura generis）在诸种之中复制（sicut multiplicatur natura generis in species）），或者是借由在不同物质中，接受形式（vel per hoc quod forma recipitur in diversis materiis），如同种的本质在不同个体中的复制，或是借由那身为单一且绝对者，以及在某物中被接受的它者（vel per hoc quod unum est absolutum et aliud in aliquot receptum）。（Ⅴ，77 - 78）

此段论述的重要性在于，它既阐明了存有与本质不同的原因，也说明了万物生成/存在的机制。Bobik 对此段的解释颇为精辟。他指出，除了那存有即本质的第一因之外，万物之存在都是借由属性（per accidens）而关联于一物之本质：

> 虽然存在（existence）是借由属性（per accidens）而属于一个自然实体的本质，在此意义下，它不是本质（*what the thing is*）的部分，然而，在某种意义下，存在可以被描述成借由自身（*per se*）而属于本质。就此意义而言，本质是存在的适当主体（*proper subject*）。只有那具有本质者，才拥有存在，所以，如果一物没有本质，它就既没有存在，也不能有。……存在与那拥有本质者的关系可被描述为，如同运动（motion）与可动者（the mobile）之间的关系。①

此处的关键词是 per accidens，因为它点出了万有生灭的模式。在第二章描述本质之与质料和形式的关系时有提到，本质既不只是质料，也不只是形式，而是两者的组合。第二章开始第一句话即是：In substantiis igitur compositiis forma et material notae sunt。因此，形式与质料是被标记于诸复合实体之中的。此处的关键词则是：Substantiis compositiis（复合实体）。"复合"（compositum）是亚里斯多德万有生成论的关键模式，这从他对存有分析成 10 种不同范畴及两个大类：自立体（οὐσία）与属性（συμβεβήκος）即可知。而此一复合模式，当然也是受其师柏拉图的"诸相的结合"模式

---

① Joseph Bobik（1988：166）.

的启发。

万有随着其存在的纯粹程度不同，而有着存有论上的差异（ontologische Differenz，海德格尔则称之为 seienderals）。因此，宇宙的架构必然是层级制（hierarchy）的模式。本质与存在（esse/esistentia）之间的关系，正是潜能与实现的关系。本质的确是存在的前提和必要条件，但却还不是全部或充份条件。本质与诸属性（per accidens）的结合于一载体、成为实体后，存在才能实现。这样的存在，虽然也是用 esse 来描述，但究其实，是在 existentia 的意义上存在。它之所以能够站立支撑，是因为 essentia 的 sistere（支撑）；它之所以能够 ex（向外而存在），是因为诸多属性的推动。因此，这种存在，其意义更多的是指涉一种状态，而非作为第一因的存有自身，因为它当然是实体。又，因为属性会生灭、可分离，这样子的存在状态当然是不稳定、会生灭的。

Copleston（柯布登）因此认为，多玛斯并非主张存在是"预先存在的"：

> 如果多玛斯说，存在"自外而来，与本质一起形成一个合成的实有的东西"（《论实有与本质》五），他的意思并不是说，把一个预先"存在的"存在，给了一个预先"存在的"本质——这样的说法真是荒谬绝伦。他的意思是说，那使（一东西之）本质有（获得）"有"的现实（那使原有本质的现实），是有原因的，而其原因是在那东西本身之外。①

但是多玛斯提出这种理论的真正原因，柯布登并没有看出来。Stephen Menn 则非常敏锐地指出，此一本质/存在的区别（essence‑existence distinction）的真正目的，是为了避免无穷回归（Regressus ad infinitum）的谬误：

> 当 X 是一个偶然的存在（a contingentbeing），X 是借由 X 的存在（existence of X）而存在（exists），而它是与 X 不同的某物。但是，X 的存在也存在（But the existence of X also exists），它是否借由另外一

---

① 柯布登（1974：106）。

个存在 （through a further existence） 而存在，如此以致于无穷 （ad infinitum）？但它若是借由其自身而存在——即，若其本质包含了存在——那么，Avicenna 的分析，它是一个内在必然的存有，而 Avicenna 宣称已证明了只有一种如是的在者 （being） 即：神。①

任何熟悉柏拉图晚期形上学问题的人，一眼即可看出，这就是在影射《巴门尼德》篇之中的 "无穷回归" （Regressus ad infinitum） 谬误 （132a），以及亚里斯多德在《形而上学》中给它的描述的术语："第三人论证" （The Third Man Argument）。柏拉图解决此难题的方法是 "一中有多、多中有一" 的辩证法；亚里斯多德则是用 Immanenz （内在论） 来克服 "分离问题"②。这是为何多玛斯也主张：虽然存在是外来者，生成的模式，却并非是由一个 "预先存在的" 存在加诸于一个 "预先存在的" 本质之上。

（四）普遍、特殊与组合的类比

"种类说" 与 "形质论" 是 Thomas 存有学的核心理论。这两者是否有关联？多玛斯的这段话正是在阐述此一问题：

> 属与种及差与物质、形式和组合在自然中的彼此关系是相同的（genus，species et differentia se habent proportion aliter ad materiam et formam et compostitum in natura），但此处却并不相同。种并非质料，但是源自质料，作为标明整体 （ut significans totum）；差异并非形式，但是源自形式，作为标明整体者。（Ⅱ，195－203）

Kenny 很敏锐的指出，多玛斯是将 genus/species/differentia 类比于 matter/form/composite。类比不只此而已，他指出，多玛斯更进一步将 genus 与 species 的关系类比于 species 与 individual （个体） 的关系，而关键则是 differentia （差）。③

---

① Menn （2002：147－170、160）。
② "第三人论证" 与分离都是柏拉图晚年形上学中最复杂的问题，此处无法详论。笔者在博士论文第三章有详论 （LIU Kang: *Sein und Erkennen: Platons Ideenlehre im Parmenides und Sophistes*）。
③ Kenny （2002：17－20）。

仔细深究，这种模式其实可再抽象成为普遍（全体）/特殊（个别）/差异的模式，而这其实正就是从前苏格拉底学派以来，希腊形上学的核心问题：一（普遍）与多（特殊）的问题了。亚里斯多德的形质论与种类说，其实很明显是受其师柏拉图在《智者》篇中提出的通种论（μέγιστα γένη）与诸相之结合，他只是把通种从 5 项减少成 3 项：种可类比于 ὄν，属可类比于同；差可类比于运动（差是万物之所以各不相同的原因，正如诸相之所以能相互结合，是因为运动相的推动）。

因此，就像陈康先生所言：亚里斯多德在所有面向上来看，他都是一个柏拉图学派中人；我们也可以仿此说：从多玛斯所建构的存有论与万有生成模式来看，他的确是一个多玛斯学派中人①。

二　从多玛斯关于《形而上学》的评注看亚里斯多德的影响

如果说《论存有与本质》是多玛斯的早期著作的话，那么，他对于亚里斯多德经典的注释，则是他晚期的著作，其中尤以对于《形而上学》的评注为代表。② 因此，这两部著作可以被视为分别代表他的早期与晚期思想的著作。通过比较这两者，可以看出他前、后思想的变化。由于《形而上学》一书内容十分多样而丰富，当然不可能在一篇文章中详论。因此，讨论自将集中于 ὄν 这个自希腊以来西方形上学的核心问题。重点则在于借由比较这两本分别为早、晚期的代表作中，关于 ens 的讨论，来追溯多玛斯哲学体系发展演变的轨迹，以呈现他的思想发展是具有一贯性？或是从早期到晚期有演变？

纵观多玛斯对于亚里斯多德《形而上学》的评注可知他的注解思想路，的确是依循亚里斯多德的思想为基础作补充，并与其青年著作《论存

---

① "就分离问题而言，亚里斯多德是一个真正的 Platoniker。"（§106，p. 179）Chen, Chung-Hwan（陈康）：*Das Chorismos-Problem bei Aristoteles*，Berlin：Albert Limbach Verlag, 1940。而这也正是本论文的最后一句话。

② A. D. Sertillanges 曾解释了为何应用亚里斯多德那么早的多玛斯，竟在相当晚期才从事正式的注释工作，原因就在于缺少可靠的译本。见 *La Philosophie de Saint Thomas d'Aquin.*（Anbier, 1940）一书。中译本《圣多玛斯形上学》，第 15 页，李贵良译，台北三民书局 1966 年版。

有与本质》中的思想，高度一致。例如他对于 ens（存在者），就强调其自身的绝对性与不再依附其它原因的自立性（enseo ipso）。另一个显著特点在于，他对于万有生成，及获得本质（essentia）的理论建构，仍然严格遵循亚里斯多德的本质在"物"之内，而非与其分离在外的"内在论"（Immanenz）。多玛斯年轻时受亚里斯多德的影响，主要是来自他在巴黎大学的导师，中世纪著名哲学家 Albertus Magunus（大阿尔伯特，约 1200 – 1280）。他所代表的是亚里斯多德哲学在中世纪复兴的思想转向，并取代原先占主导地位的柏拉图—奥古斯丁传统。而造成此一转变的直接原因，则是亚里斯多德著作的阿拉伯文译本的传入，使得因罗马帝国灭亡之后与希腊传统失去联系的欧洲，又再次能接触此一传统。而如前所述，当时亚里斯多德著作的译本，十分难得。这也是为何多玛斯要到晚期，才开始系统性地注释他的经典的原因了。由于《形而上学》是亚里斯多德的晚期著作，而且也是他授课的教材，所以在此一经典中所包含的，不仅是他本人的形上学体系，也纪录了他本人对于希腊先哲理论的记载、交锋与批评。这其中，当然也包括他的老师柏拉图。由于在柏拉图的哲学体系中，汇集了在他之前希腊哲学的精髓，因此，《形而上学》一书中所反映的，不仅是亚里斯多德自己的思想，也包括了整个希腊哲学的核心课题与思想体系。其中最鲜明的课题，当然就是从前苏格拉底学派以来的希腊形上学的核心课题：一与多、有与无、对立与统一。用柏拉图晚期形上学的话语来描述，是"一中有多、多中有一，如何可能"？用亚里斯多德的术语来表达，则是："作为一的存在（自身），与作为多的本质，有何关系"？因为存在自身是那超越于一切万有之上的、唯一的普遍者，而各物则自有其本质，各个相异，自然是多。所以，《形而上学》的核心问题，除了显而易见的 τò ὄν ἧ ὄν（在者之为在者）、οὐσία（实体）、ὑποκείμενον（载体）之外，归根结底其实所处理的，仍是希腊形上学的核心问题，即"一与多"的问题。所以，与早期著作相较，多玛斯在《形而上学评注》中显示的特点，除了对于 ens 与 essentia 更深入的讨论之外，主要表现在关于 ἕν/unum（太一）的讨论及其与 ens 的关系之中。

　　《形而上学》关于 ὄν 的讨论，首次出现在 Γ 卷：

　　一与在者是同一的（καθ′ αὐτό），而且有相同的本质，因为它们相互跟随，如同起源与原则，而不是借由一种 λόγος 而被阐明（其实就算我们接受这个（后者），情况也不会有所改变，而是对于研究更有助益）。课题在此很明白的地表示，一并非作为一个它者而位于在者之旁。对于每一物而言，其实体是一，这并非只在属性的意义上而言，而且它也是自立的。一有多少种［εἶδος（复数!）]，在者也就同样地有多少种。关于其本质（τό τὶ）的研究，依据其性质，它是一种独特的知识（学科），我是指，关于同一、相似、与其它相关者，以及相反者（的研究）。这些所有的相反者会回溯到原则本身。（Γ 卷，第 2 章，1003b22 – 1004a1）

　　这段话之所以重要，在于它揭橥了作为第一哲学的形上学所探讨的课题，即 ὄν（在者）、ἕν（太一）、τό τὶ（本质/οὐσία），以及 ἀντικείμενον（对立者）。ὄν 涉及的是 Ontologie（存有论）；ὄν 涉及的是 Henologie（太一论）；οὐσία 牵涉的是实体。实体/本质与存在的关系，可一言以明之：有"什么"（τό τὶ/quitidas）是存在（ὄν/ens）着的；ἀντικείμενον 所牵涉者，则是辩证法。亚里斯多德的老师柏拉图在其中期代表作《理想国》中早已明言：辩证法就是形上学。

　　多玛斯对这段话的注解如下：

　　由上面的论证也可以看出。"一"和存有在数量上相同，然而在概念上不同。否则的话，它们就完全是同义词了。……"人"这个语词，道源于人之本质或本性，"物"只道源于本质；然而存有这个语词道源于存在的行为，"一"这个语词道源于秩序或无区分。因为"一"之为物是指未分的存有。现在，具有本质者，和因了本质而具有实质者，以及其本身未被区分者，都是相同的。因此，这三个语词——物、存有、绝对是指同一物，但是它们的概念不同。（553）①

　　这里的关键词是"一之为物是指未分的存有"，而这句话的关键词又

---

① Aquinas（1995：203 – 204）.

是"未分"。何谓"未分"？这牵涉希腊形上学的核心难题：分离问题（das Chorismos-Problem），即一物的本质，是否与其自身分离，而位于彼岸的实体界？而"未分的存有"，又是指什么？显然不是指任一个在者（ὄν），而只能是指在者自身（τὸ ὄν αὐτο），即那"一"个作为万有起源的、最初的在者。"在者"究竟有多少个？是一还是多？用西方现代语言翻译希腊文ὄν时，往往只用单数，如德文的 das Seiende（中性单数）、英文的 being。但是在希腊文中，ὄν除了有单数之义外，还有复数形的ὄντα，以代表万有。而从ὄν分化出去的诸ὄντα，当然是"已分的存在"；而那个可以分给其他ὄντα的那个作为万有起源的、第一个而且也正是一个的ὄν，则是"存有自身"（τὸ ὄν αὐτο）。因为这个原初的 ens 是如此地独特，所以它是"一"个、是"第一"个。所以多玛斯接下来说："一物之实体即是"一"和"自存的有"，而不是某物加之于它"（555）。他此处所强调的："而不是某物加之（即：从外在、分离地）于它"，其实就是不点名的反驳柏拉图的分有论：ἕν与ὄν都是内在于物，也就是实体之中的。多玛斯此处所表达的，其实是中世纪哲学中一个广为接受的前提：

Ens et unum convertuntur①
存有与一可被互换。

这句格言所表明的是，中世纪哲学已然完成从柏拉图为基础到以亚里斯多德为基础的"典范转移"，因为ἕν与ὄν在柏拉图的形而上学体系中，是不同的，也是不可互换的，因为柏拉图所使用的ὄν其实是注重其复数形ὄντα，以代表多样的万有（已如前述）。而亚里斯多德所注重的，是本质其实是内在于万物，并不与之分离。所以他的出发点是οὐσία：实体是一个存在着的物（对象，不是唯物论中的物）。之前引述 E. Stump 的"物之形上学"，正是此意。

多玛斯接下来对 Avicenna（阿维森纳）的批评："存有和'一'这些语词的意思不是指一物之实体，而是指加于它的一些东西"（556）。他明确指出，这是不对的，因为：

---

① Blanchette（2003：157 – 158）．

即使一物之存在不同于它的本质，然而它不应被理解为依照附质的方式加于本质的东西，而是本质之原理所建立的东西。因此存有，亦即因了它的存在而应用于一物的语词所指的，是同一个东西（558）。

他此处的批评所反映的，正是亚里斯多德的 Immanenz（内在性）的立场。

《形而上学》中另一段提及 ἕν 与 ὄν 的关系的段落是：

既然一与在者是在相同意义中被使用，而一的实体是整体（μία），而那些其实体为一之物，在数字上是一，很明显的，既非一，也非在者，显示其自身是物之实体（οὐσία），如同元素与原理也都不是那般。而我们追问，原理是什么，以便我们导引到更容易明了之处。在这些之中，在者与一比起原理和元素、原因更像是实体（οὐσία）。但这个还不是，因为普遍者（κοίνον）不能是实体。（Z 卷，第 16 章，1040b16－24）

亚里斯多德在此谈论的，其实是他的生成论（γένεσις εἴς οὐσίαν）的建构模式：组合。而此一"组合"模式所反映的，正是形上学的"一与多"：各部分都是一，组合成一个整体，还是"一"，而且是一个实体的、存在者的一"物"。多玛斯的评注，也点出了这种组合模式：

他说这些实体的部分是多，因为，既然每个整体是由许多部分所组成（composed），组成的部分必然比被组成的整体要多。而很明显的，各部分是潜能地存在，因为它们之中没有任何一个可以分离，而是所有部分作为部分，其实是统一于一个整体之中的（1632）。[①]

他接着解释，为何一与在者比起原理、元素等，更像是实体。

原理、元素和原因，只彰显了一物与另一物的关系，但是在者与一标记了对于一物其自身的实体而言，更适合者。但在者与一却都不是一物的实体之自身（1639）。[②]

---

① Blanchette（2003：540）.
② Blanchette（2003：541）.

为何如此？因为每一物皆自有其特殊性，这构成了其作为一个实体的基础，因而普遍性愈高者，愈不能是实体。在者与一，皆具有极高度普遍性，因此不能是实体。

然则，一、在者与实体之间，承上所述，也就是一与多之间的关系，究竟为何？亚里斯多德在《形而上学》中曾具体阐明生成的过程，是由作为 ἄτομον εἶδον（不可分割的种），此处的 εἶδον 不宜理解为柏拉图的相，而其实是一种内在于物之中的种——这是一种真正意义上的种子，所以应该翻译成"种"，而非相。而这些 εἶδη 其自身是一物（οὐσία），既是一，也是在者（虽然不是 τὸ ὄν αὐτο）。因此，ens 就其自身而言，也就是作为 ens eo ipso，具有超越于一切万有之上的独特性；而其所指涉（referre ad）的存在与一，却是既具有最广延的范围，因此在知识论上，它不能是 οὐσία，因为无法代表每一个体之独特性。但是，在存有论上，存在是因为有一个实体存在着，此处的一与存在，又是指涉该物（对象）的一与存在，所指涉者其实是其独特性。

所以，从 De Ente et Essentia 到 Commentaria ad Metaphysica Aristoteles，多玛斯表现了其思想的一致性。从早期只是纲要性质的概论，精进到对于他代表作的评注。所表现的是多玛斯哲学思想的一致性与体系建构的深化与趋近完美。按照 Volke 的说法：多玛斯对于 ens 的看法，可视为是与绝对者——上帝之间的关联。就存有论的角度来看，存有自身可类比于神，但还不是神，因为缺少位格化。然而，由于类比，关于 ens 的讨论，当然可以视为对于神性的讨论。神是唯一的、自立的、存有自身，因此说"存有与一可被互换"①。

参考文献

Aquinas, Thomas von, 1959, *Über das Sein und das Wesen*, Rudolf Allers（trans.）, Frankfurt am Main.

—, 1995, *Commentary on Aristotle's Metaphysics*, John Rowan（trans.）, Dumb Ox Books.

Bobik, Joseph, 1988, *Aquinas on Being and Essence: A Translation and Interpretation*, Notre Dame, Indiana: University of Notre Dame Press.

---

① Volke（1964）.

Blanchette, Olivia, 2003, *Philosophy of Being*, Washington D. C. ：Catholic University of America Press.

Chen, Chung-Hwan（陈康）, 1940, *Das Chrorismos-Problem bei Aristoteles*, Berlin：Albert Limbach Verlag.

Heidegger, Martin, 1979, *Heraklit. Freiburger Vorlesung. SS. 1943/SS. 1944. Hrsg. von M. S. Frings*, GA. 55, Frankfurt am Main.

Kahn, Charles, 1973, *The Verb "Be" in Ancient Greek*, Dordrecht.

Kenny, Anthony, 2002, *Aqiunas on being*, Oxford：Clarendon Press.

LIU, Kang, 2011, *Sein und Erkennen：Platons Ideenlehre im Parmenides und Sophistes.* 笔者之博士论文可以于德国柏林自由大学网站下载：http：//www. diss. fuberlin. de/diss/servlets/MCRFileNode-Servlet/FUDISS_ derivate_ 000000010091/Dissertation-Sein_ und_ Erkennen. pdf? hosts =

Menn, 2002, "Metaphysics：God and being", A. S. McGrade, *The Cambridge Companion to Medieval Philosophy*, Cambridge：Cambridge University Press, pp. 147 – 170.

Patzig, Günther & Frede, Michael, 1988, *Aristoteles "Metaphysik Z"：Text, Übersetzung und Kommentar*, München.

Sertillanges, A. D. , 1940, *La Philosophie de Saint Thomas d' Aquin*（Anbier）；中译本：《圣多玛斯形上学》，李贵良译，台北三民书局 1966 年版。

Stump, Eleonore, 2003, *Aquinas*, London：Routledge Press.

Volke, Georg Wolfgang, 1964, *Sein als Beziehung zum Absoluten nach Thomas von Aquin*, Würzburg：Konrad Triltsch Verlag.

陈康：《Aristoteles 哲学中一个为人忽视了的重要概念》，《陈康哲学论文集》，台北联经出版公司 1987 年版，第 131—137 页。

——，《普遍复合物》，刘康译，《哲学门》2014 年第 30 期。

柯布登：《多玛斯思想简介》，胡安德译，台南闻道出版社 1974 年版。

李震：《多玛斯哲学中"存在"的意义和重要性》，《哲学与文化》2004 年。

刘康：《独守千秋纸上尘——关于古希腊哲学与当代中国问题之反思》，《清华西方哲学研究》2016 年第 3 期。

——，《柏拉图"未成文学说"与〈巴曼尼得斯〉篇》，《清华西方哲学研究》2015 年第 1 期。